应用型本科系列规划教材

人工智能初级应用

江耿豪　郑炜冬　主编

西北工业大学出版社

西　安

【内容简介】 本书分为 8 章,内容包括人工智能概述、逻辑程序设计语言 PROLOG、用 PROLOG 求解趣味智力题、用 PROLOG 实现状态空间搜索、用 PROLOG 实现约束逻辑编程、专家系统、Python 语言及机器学习等。本书内容简明、实用,逻辑性强,可以让学生在有限的时间内掌握人工智能的基本原理与应用技术。

本书可作为高等院校教育技术类、计算机应用类的本科生教材,也可供相关专业工程技术人员阅读参考。

图书在版编目(CIP)数据

人工智能初级应用/江耿豪,郑炜冬主编. —西安:
西北工业大学出版社,2020.12
ISBN 978-7-5612-7507-8

Ⅰ.①人… Ⅱ.①江… ②郑… Ⅲ.①人工智能-中小学-教学参考资料 Ⅳ.①G634.673

中国版本图书馆 CIP 数据核字(2021)第 012343 号

RENGONG ZHINENG CHUJI YINGYONG
人 工 智 能 初 级 应 用

责任编辑:李阿盟 王 尧	策划编辑:杨 军
责任校对:朱晓娟	装帧设计:李 飞

出版发行:西北工业大学出版社
通信地址:西安市友谊西路 127 号　　邮编:710072
电　　话:(029)88491757,88493844
网　　址:www.nwpup.com
印 刷 者:陕西向阳印务有限公司
开　　本:787 mm×1 092 mm　　1/16
印　　张:10
字　　数:262 千字
版　　次:2020 年 12 月第 1 版　　2020 年 12 月第 1 次印刷
定　　价:38.00 元

如有印装问题请与出版社联系调换

前　言

人工智能技术是当前人类所面对的重要技术变革之一。所谓人工智能技术，是人类在利用和改造"机器"的过程中所掌握的物质手段、方法和知识等各种活动方式的总和，它赋予了机器一定的视听感知和思考能力，不仅能促进生产力的快速发展，而且也会对经济与社会的运行方式产生积极作用。

近年来，我国对人工智能的重视程度不断提高，持续从各方面支持和促进人工智能开发。2017 年 7 月，《国务院关于印发新一代人工智能发展规划的通知》（国发〔2017〕35 号）从国家层面对人工智能进行系统布局，部署构筑我国人工智能发展的先发优势，加快建设创新型国家和世界科技强国。《新一代人工智能发展规划》确立了"三步走"目标：到 2020 年，人工智能总体技术和应用与世界先进水平同步；到 2025 年，人工智能基础理论实现重大突破，部分技术与应用达到世界领先水平；到 2030 年，人工智能理论、技术与应用总体达到世界领先水平，成为世界主要人工智能创新中心。

目前，国内正掀起一股实施全民智能教育热潮。《新一代人工智能发展规划》中提出，要"实施全民智能教育项目，在中小学阶段设置人工智能相关课程，逐步推广编程教育"。2018 年，教育部进一步明确，要"构建人工智能多层次教育体系，在中小学阶段引入人工智能普及教育"。不少地方已开始探索在义务教育阶段开展人工智能教育。当前，已有人工智能教材的教学内容多为经典人工智能，且多数是偏理论性介绍的书籍，较少介绍解决实际问题的实用技术。另外一些书籍则主讲以大数据驱动机器学习为代表的新一代人工智能。然而，基于大数据驱动机器学习的人工智能技术的应用门槛比较高，而且用来解决诸如逻辑推理等实际问题也有局限性。因此，学习人工智能应用技术的方式是先以学习经典人工智能（逻辑主义人工智能）为切入点，让读者能够掌握一些实用技术并动手解决实际问题，培养信心和兴趣，然后再拓展到基于大数据驱动机器学习的新一代人工智能，掌握其基本理论和实验技术，为学习进阶知识打下良好基础。

本书作为一本介绍人工智能应用技术的入门教程，在结构上分成人工智能导论、经典人工智能和新一代人工智能三篇。第一篇是人工智能导论，介绍了人工智能的定义、起源与发展、主要分支（观点）和主要研究领域。第二篇是经典人工智能，重点介绍基于搜索的问题求解技术、基于约束的问题求解技术和基于知识库的问题求解技术，包括逻辑程序设计语言

PROLOG、用 PROLOG 求解趣味智力题、用 PROLOG 实现状态空间搜索、用 PROLOG 实现约束逻辑编程、专家系统等内容。第三篇是新一代人工智能,介绍以大数据驱动机器学习为代表的新一代人工智能原理与技术,包括 Python 语言、机器学习等内容。

本书的第 1 章～第 4 章由江耿豪负责编写,第 5 章～第 8 章由郑炜冬负责编写。

编写本书参阅了相关文献、资料,在此,谨向其作者深表谢意。

由于水平有限,书中不足之处在所难免,期待各位读者提出宝贵意见和建议。

编　者
2020 年 1 月

目　　录

第一篇　人工智能导论

第1章　人工智能概述 ·· 3
　1.1　人工智能的定义 ·· 3
　1.2　人工智能的起源与发展 ·· 4
　1.3　人工智能的学派 ·· 5
　1.4　人工智能主要的研究与应用领域 ·· 8
　1.5　人工智能相关国际会议和网站介绍 ··· 11

第二篇　经典人工智能

第2章　逻辑程序设计语言 PROLOG ·· 15
　2.1　常用的 PROLOG 语言开发工具 ·· 15
　2.2　PROLOG 的三种基本语句 ·· 18
　2.3　PROLOG 的项 ··· 22
　2.4　PROLOG 的表 ··· 23
　2.5　PROLOG 的基本运算 ·· 24
　2.6　PROLOG 的常用系统谓词 ·· 25

第3章　用 PROLOG 求解趣味智力题 ·· 30
　3.1　纵横字谜 ··· 30
　3.2　五五谜题(五座房子逻辑推理问题) ··· 34
　3.3　迷宫问题 ··· 38

第4章　用 PROLOG 实现状态空间搜索 ·· 50
　4.1　农夫过河问题 ·· 50

4.2 牧师和野人过河问题 …………………………………………………… 57
4.3 八数码问题 ……………………………………………………………… 60

第 5 章 用 PROLOG 实现约束逻辑编程 …………………………………… 77
5.1 声明性整数算术 ………………………………………………………… 77
5.2 用 clp(fd) 解决的典型问题 ……………………………………………… 82
5.3 用 PROLOG 解决组合优化任务 ………………………………………… 83

第 6 章 专家系统 …………………………………………………………… 88
6.1 专家系统概述 …………………………………………………………… 88
6.2 专家系统的类型 ………………………………………………………… 89
6.3 专家系统的结构 ………………………………………………………… 91
6.4 建造专家系统的步骤 …………………………………………………… 92
6.5 专家系统外壳 …………………………………………………………… 93
6.6 ESTA 基本概念 ………………………………………………………… 96
6.7 使用 ESTA 实现反向推理 ……………………………………………… 103
6.8 使用 ESTA 实现正向推理 ……………………………………………… 108

第三篇 新一代人工智能

第 7 章 Python 语言 ………………………………………………………… 119
7.1 Python 语言与编程环境 ………………………………………………… 119
7.2 Python 数据类型与运算符 ……………………………………………… 124
7.3 Python 流程控制 ………………………………………………………… 126
7.4 Python 函数 ……………………………………………………………… 132
7.5 Python 模块 ……………………………………………………………… 135

第 8 章 机器学习 …………………………………………………………… 138
8.1 机器学习的概念 ………………………………………………………… 138
8.2 常用的 Python 机器学习框架 …………………………………………… 141
8.3 搭建机器学习实验环境 ………………………………………………… 142
8.4 机器学习示例:图像识别 ………………………………………………… 148

参考文献 ……………………………………………………………………… 154

第一篇 人工智能导论

第1章 人工智能概述

当前,人工智能几乎无处不在:苹果 Siri、百度度秘、Google Allo、微软小冰、亚马逊 Alexa 等智能助理和智能聊天类应用,正试图颠覆人们和手机交流的根本方式,将手机变成聪明的小秘书;新闻头条等热门新闻应用依赖于人工智能技术向用户推送最适合的新闻内容,甚至,现在不少新闻稿件都是由人工智能程序自动撰写的;谷歌照片利用人工智能技术可以快速识别图像中的人、动物、风景、地点……快速帮用户组织和检索图像;美图秀秀利用人工智能技术可以自动对照片进行美化,Prisma 和 Philm 等图像、视频应用则基于我们拍的照片或视频完成智能"艺术创作";在人工智能的驱动下,谷歌、百度等搜索引擎早已提升到了智能问答、智能助理、智能搜索的新层次;以谷歌翻译为代表的机器翻译技术正在深度学习的帮助下迅速发展;当使用滴滴或优步出行时,人工智能算法会帮助司机选择路线、规划车辆调度方案,在不远的将来,自动驾驶技术还将重新定义智慧出行、智慧交通和智慧城市;当使用手机购物时,淘宝、亚马逊等电子商务网站使用人工智能技术为人们推荐感兴趣的商品,而先进的仓储机器人、物流机器人和物流无人机正帮助电子商务企业高效、安全地分发货物……

从 1956 年正式提出人工智能(artificial intelligence)的概念起,数十年来,人工智能获得了长足的发展,成为一门应用广泛的交叉和前沿科学。通俗地说,人工智能的目的就是让计算机能够拥有像人一样的思维。人类已经制造出汽车、火车、飞机、收音机等,它们分别模仿了人体某些器官的功能,那么,能否让机器模仿人脑的功能呢?目前,对于由数十亿神经细胞组成的人脑,人类还知之甚少,模仿它或许是天下最困难的事情了。进入 21 世纪以来,人工智能理论正酝酿着新的突破。例如,人工生命的提出,意味着人类试图从传统的工程技术途径,开辟生物工程技术途径,发展人工智能。同时,人工智能的发展又将成为人工生命科学的重要支柱和推动力量。人工智能的研究成果必将能够创造出更多、更高级的智能产品,为发展国民经济和改善人类生活作出更大贡献。

1.1 人工智能的定义

要给人工智能下一个确切的定义是困难的。像许多新兴学科一样,人工智能至今尚无统一的定义。人类的许多活动,如解答数学题、猜谜语、进行讨论、编制计划、编写计算机程序、驾驶汽车和骑自行车等,都需要"智能"。如果机器能够执行这种任务,就可以认为机器是已具有某种性质的"人工智能"。不同学科背景的学者,如逻辑学派、仿生学派、生理学派、计算机学派、心理学派和语言学派等,对人工智能有不同的理解,提出不同的观点。

定义1 智能机器。智能机器是指能够在各类环境中自主地或交互地执行各种拟人任务的机器。

定义2 人工智能(学科)。人工智能(学科)是计算机科学中涉及研究、设计和应用智能机器的一个分支。它的近期主要目标在于研究用机器来模仿和执行人脑的某些智力功能,并开发相关理论和技术。

定义3 人工智能(能力)。人工智能(能力)是智能机器所执行的通常与人类智能有关的智能行为,如判断、推理、证明、识别、感知、理解、通信、设计、思考、规划、学习和问题求解等思维活动。

定义4 人工智能是一种使计算机能够思维,使机器具有智力的新尝试。

定义5 人工智能是那些与人的思维、决策、问题求解和学习等有关活动的自动化。

定义6 人工智能是用计算模型研究智力行为。

定义7 人工智能是研究那些使理解、推理和行为成为可能的计算。

定义8 人工智能是一种能够执行需要人的智能的创造性机器的技术。

定义9 人工智能研究如何使用计算机做事从而让人过得更好。

定义10 人工智能是一门通过计算过程力图理解和模仿智能行为的学科。

定义11 人工智能是计算机科学中与智能行为的自动化有关的一个分支。

其中,定义4和定义5涉及拟人思维;定义6和定义7与理性思维有关;定义8和定义9涉及拟人行为;定义10和定义11与拟人理性行为有关。

1.2 人工智能的起源与发展

人工智能是以硬件与软件为基础发展的,经历了漫长的发展历程。特别是20世纪30年代和40年代的智能界,发现了两件重要的事情:数理逻辑和关于计算的新思想。以维纳(Wiener)、弗雷治、罗素等为代表的学者对发展数理逻辑学科的贡献及丘奇(Church)、图灵和其他一些人关于计算本质的思想,对人工智能的形成产生了重要影响。

1956年夏季,人类历史上第一次人工智能研讨会在美国的达特茅斯(Dartmouth)大学举行,标志着人工智能学科的诞生。

1969年,召开了第一届国际人工智能联合会议(International Joint Conference on AI,IJ-CAI),此后每两年召开一次。

1970年,《人工智能》国际杂志(*International Journal of AI*)创刊。

这些对开展人工智能国际学术活动和交流、促进人工智能的研究和发展起到了积极作用。

20世纪70—80年代,知识工程的提出与专家系统的成功应用,确定了知识在人工智能中的地位。

近10多年来,机器学习、计算智能、人工神经网络等和行为主义的研究深入开展,并形成了高潮。同时,不同人工智能学派间的争论也非常热烈。这些都推动人工智能研究的进一步发展。

1.3 人工智能的学派

1.3.1 人工智能三大学派

1. 符号主义(symbolicism)

符号主义又称为逻辑主义(logicism)、心理学派(psychlogism)或计算机学派(computerism),其原理主要为物理符号系统(即符号操作系统)假设和有限合理性原理。该学派认为人工智能源于数理逻辑。纽厄尔和西蒙在1976年的美国计算机学会图灵奖演说中,对物理符号系统假设进行了总结,他们指出:展现一般智能行为的物理系统其充要条件为它是一个物理符号系统。充分性表明智能可以通过任意合理组织的物理符号系统来得到。必要性表明一个有一般智能的主体必须是一个物理符号系统的一个实例。物理符号系统假设的必要性要求一个智能体,不管它是人还是计算机,都必须通过在符号结构上操作的物理实现来获得智能。

一般智能行为表示人类活动中相同的动作和行为。在物理极限内,系统将展示适合于其目的的行为,并适应于它所在环境的要求。在后来的许多年中,人工智能和认知科学都在这个假设所描绘的领域中进行了大量的研究。物理符号系统假设是符号主义人工智能中3个重要方法论的理论基础:①符号的使用及符号系统作为描述世界的中介;②搜索机制的设计,尤其是启发式搜索,用来探索这些符号系统能够支持的可能推理的空间;③认知体系结构的分离,即假定一个合理设计的符号系统能够提供智能的、完整的因果理由,不考虑其实现的方法。基于这样的观点,使人工智能变成经验式和构造式的学科,它试图通过建立智能的工作模型来理解智能。

以符号主义的观点看,知识表示是人工智能的核心,认知就是处理符号,推理就是采用启发式知识及启发式搜索对问题求解的过程,而推理过程又可以用某种形式化的语言来描述。符号主义主张用逻辑的方法来建立人工智能的统一理论体系,但是会存在"常识"问题及不确定性事物的表示和处理问题,因此,受到其他学派的批评。通常被称为"经典的人工智能"是在符号主义观点指导下开展研究的。经典的人工智能研究中又可以分为认知学派和逻辑学派。认知学派以西蒙、明斯基和纽厄尔等为代表,从人的思维活动出发,利用计算机进行宏观功能模拟。逻辑学派以麦卡锡和尼尔森等为代表,主张用逻辑来研究人工智能,即用形式化的方法描述客观世界。

2. 联结主义(connectionism)

联结主义又称为仿生学派(bionicsism)或生理学派(physiologism),其原理主要为神经网络及神经网络间的连接机制与学习算法。该学派认为人工智能源于仿生学,特别是人脑模型的研究,亦称为结构模拟学派。这种方法研究能够进行非程序的、可适应环境变化的、类似人类大脑风格的信息处理方法的本质和能力。这种学派的主要观点认为,大脑是一切智能活动的基础,因而从大脑神经元及其连接机制出发进行研究,搞清楚大脑的结构及它进行信息处理的过程和机理,可望揭示人类智能的奥秘,从而真正实现人类智能在机器上的模拟。

该方法的主要特征有:以分布式的方式存储信息,以并行方式处理信息,具有自组织、自学习能力,适合于模拟人的形象思维,可以比较快速地得到一个近似解。正是这些特点,使得神经网络为人们在利用机器加工处理信息方面提供了一个全新的方法和途径。但是这种方法不适合于模拟人们的逻辑思维过程,并且人们发现,已有的模型和算法也存在一定的问题,理论上的研究也有一定的难点,因此单靠连接机制解决人工智能的全部问题也是不现实的。

联结主义早期的代表性成果是 1943 年麦克洛奇(McCulloch)和皮兹(Pitts)提出的一种神经元的数学模型,即 M-P 模型(M-P model),并由此组成一种前馈网络。可以说 M-P 是人工神经网络最初的模型,开创了神经计算的时代,为人工智能创造了一条用电子装置模拟人脑结构和功能的新的途径。从此之后,神经网络理论和技术研究的不断发展,并在图像处理、模式识别等领域的重要突破,为实现连接主义的智能模拟创造了条件。深度学习神经网络是联结主义人工智能最新的代表性成果。

3. 行为主义(actionism)

行为主义又称进化主义(evolutionism)或控制论学派(cyberneticsism),其原理为控制论及感知-动作型控制系统。该学派认为人工智能源于控制论。控制论思想早在 20 世纪四五十年代就成为时代思潮的重要部分,影响了早期的人工智能工作者。维纳(Wiener)和麦克洛克(McCulloch)等人提出的控制论和自组织系统,以及钱学森等人提出的工程控制论和生物控制论,影响了许多领域。控制论把神经系统的工作原理与信息理论、控制理论、逻辑及计算机联系起来。早期的研究工作重点是模拟人在控制过程中的智能行为和作用,如对自寻优、自适应、自镇定、自组织和自学习等控制论系统的研究,并进行"控制论动物"的研制。20 世纪 60—70 年代,上述控制论系统的研究取得一定进展,播下智能控制和智能机器人的种子,并在 20 世纪 80 年代诞生了智能控制和智能机器人系统。行为主义是 20 世纪末才以人工智能新学派的面孔出现的,引起许多人的兴趣。这一学派早期的代表性成果首推布鲁克斯(Brooks)的六足行走机器人,它被看作是新一代的"控制论动物",是一个基于感知-动作模式模拟昆虫行为的控制系统。

上述三种研究方法从不同的侧面研究了人的自然智能,与人脑的思维模型有着对应的关系。粗略地划分,可以认为符号主义研究抽象思维,联结主义研究形象思维,而行为主义研究感知思维。研究人工智能的三大学派、三条途径各有所长,要取长补短,综合集成。

1.3.2 符号主义人工智能简介

1. 物理符号系统的 6 种基本功能

符号主义人工智能把人看成一个信息处理系统。信息处理系统又叫符号操作系统(symbol operation system)或物理符号系统(physical symbol system)。所谓符号就是模式(pattern),一个完善的符号系统应具有 6 种基本功能:①输入符号(input);②输出符号(output);③存储符号(store);④复制符号(copy);⑤建立符号结构,通过找出各符号间的关系,在符号系统中形成符号结构;⑥条件性迁移(conditional transfer),根据已有符号,继续完成活动的过程。

如果一个物理符号系统具备全部 6 种功能,能够完成这个全过程,那么它就是一个完整的物理符号系统。人和现代计算机都具备了物理符号系统的上述 6 种功能。

2. 物理符号系统的假设

任何一个系统,如果它能表现出智能,那么它就必定能够执行上述 6 种功能。反之,任何系统如果具有这 6 种功能,那么它就能够表现出智能。这种智能指的是人类所具有的智能。把这个假设称为物理符号系统的假设。请思考:为什么能够把人看作一个物理符号系统?

3. 物理符号系统 3 个推论

推论一:既然人具有智能,那么他(她)就一定是个物理符号系统。人之所以能够表现出智能,就是基于他的信息处理过程。

推论二:既然计算机是一个物理符号系统,它就一定能够表现出智能。这是人工智能的基本条件。

推论三:既然人是一个物理符号系统,计算机也是一个物理符号系统,那么就能够用计算机来模拟人的活动。

4. 符号主义人工智能是对人类智能功能的模拟

由物理符号系统假设的推论一可得,人有智能,因此他(她)相当于一个物理符号系统;推论三指出,可以编写出计算机程序去模拟人类的思维活动。这就是说,人和计算机这两个物理符号系统所使用的物理符号是相通的,因而计算机可以模拟人类的智能活动过程。

1.3.3 联结主义人工智能简介

联结主义人工智能是对人脑结构的模拟。人脑由 100 亿～1 000 亿个神经元组成,这些神经元彼此高度相连。一些神经元与另一些或另外数十个相邻的神经元通信,然后,其他神经元与数千个神经元共享信息。研究者从生物神经元的结构中汲取了灵感,开发了人工神经元模型,如图 1-1 所示。

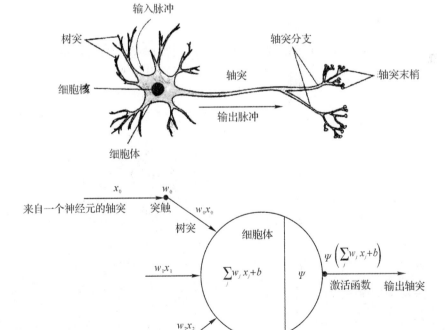

图 1-1 生物神经元(左)和人工神经元模型(右)

受到了生物神经网络模型的启发,研究者设计了人工神经网络(Artificial Neural Network,ANN)。生物神经网络是由非常多的生物神经元连接而成的,类似地,人工神经网络也是由多个神经元模型按照一定的规则连接构成的,如图1-2所示。

 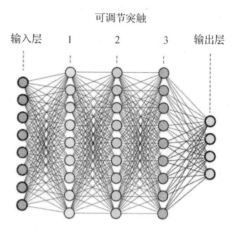

图1-2 大脑神经回路(左)与人工神经网络(右)

人工神经网络模型由多层神经元构成,可以通过调节参数权重的大小来调节这些神经元之间连接的强弱,这种结构与神经科学中的突触相对应。深度神经网络及相关的方法在人工智能系统的应用中已经带来了深远的变革。在计算机视觉、语音识别及游戏博弈等人工智能的核心领域,人工神经网络都有着举足轻重的影响力。在应用领域,语音文本翻译及计算机视觉中都广泛应用了人工神经网络方法。

1.4 人工智能主要的研究与应用领域

在过去的几十年中,人工智能的研究在各个领域都取得了很大的成绩,并已建立起具有人工智能的计算机环境和智能应用程序。本节介绍几个主要的研究和应用领域。

1.4.1 问题求解

人工智能最早的尝试是求解智力难题和下棋程序(又称博弈),这种研究至今仍在进行。通过研究下棋程序,人们发展了人工智能中的搜索策略及问题归约技术。搜索尤其是状态空间搜索和问题归约,已经成为一种十分重要而又非常有效的问题求解手段,也是人工智能研究中的一个重要方面。人工智能中的许多概念,如归约、推断、决策和规划等,都与问题求解有关。目前,有代表性的问题求解程序是下棋程序和数学公式符号运算程序。

1.4.2 自动定理证明

自动定理证明的研究在人工智能方法的发展中曾经产生过重要的影响。例如,采用谓词逻辑语言的演绎过程的形式化有助于更清楚地理解推理的某些子命题。许多非形式的工作,包括医疗诊断和信息检索,都可以和定理证明问题一样加以形式化。因此,在人工智能方法的研究中,自动定理证明是一个极其重要的论题。我国人工智能大师吴文俊院士提出并实现了几何定理机器证明的方法,被国际上承认为"吴氏方法",是自动定理证明的又一标志性成果。

1.4.3 机器学习

具有学习能力是人类智能的主要标志,学习是人类获取知识的基本手段。要使机器像人一样拥有知识、具有智能,就必须使机器具备获得知识的能力。使计算机获得知识的方法一般有两种:一种是人们把有关知识归纳、整理在一起,并用计算机可接受、处理的方式输入计算机中去;另一种是使计算机自身具有学习能力,它可以直接向书本、教师学习,亦可以在实践过程中不断总结经验、吸取教训,实现自身的不断完善。后一种方式一般称为机器学习。机器学习是研究如何使用计算机来模拟人类学习活动的研究领域。更严格地说,就是研究计算机获取新知识和新技能、识别现有知识、不断改善性能、实现自我完善的方法。机器学习研究的目标有3个:人类学习过程的认知模型、通用学习算法、构造面向任务的专用学习系统的方法。

1.4.4 专家系统

专家系统是一个具有大量专门知识与经验的程序系统,它应用人工智能技术,根据某个领域一个或多个人类专家提供的知识和经验进行推理和判断,模拟人类专家的决策过程,以解决那些需要专家决定的复杂问题。

1.4.5 模式识别

模式识别(pattern recognition)就是使计算机能够对给定的事物进行鉴别,并把它归入与其相似的模式中。其中,被鉴别的事物可以是物理的、化学的、生理的,也可以是文字、图像、声音等。模式识别的主要目标是用计算机来模拟人的各种识别能力,当前主要是对视觉、听觉能力的模拟,并且主要用于图形图像和语音识别。图形图像识别主要识别文字、符号、照片、工程图纸和各种图像等。目前能识别中文、英文、日文等印刷体和某些手写体文字,并已有产品出现在市面上,工程图纸的识别已进入实用化。语音识别主要是各种语言信号的分类,语音识别技术近年发展很快,已有如汉字语音录入系统等商品化产品。

1.4.6 计算机视觉

计算机视觉(computer vision)是人工智能的一个重要研究领域,已有20多年的发展历史。它在机器人、工业检测、物体识别、卫星图像分析、医学辅助诊断、航空测绘和军事技术等领域得到了广泛的应用。计算机视觉是研究为完成在复杂的环境中运动和在复杂的场景中识别物体所需要哪些视觉信息以及如何从图像中获取这些信的科学领域。通俗地说,计算机视觉通常所指的是通过图像来理解所摄对象的几何尺寸和形状,该对象距观察者的距离和运动速度(指运动着的对象)及多个对象间的相互关系(静态或动态的)等,即用两维的图像来理解属于三维空间的三维对象。

1.4.7 自然语言理解

如果能让计算机"听懂""看懂"人类自身的语言(如汉语、英语、法语等),那将使更多的人可以使用计算机,大大提高计算机的利用率。自然语言理解就是研究如何让计算机理解人类自然语言的一个研究领域。从宏观上看,自然语言理解是指机器能够执行人类所期望的某些语言功能。这些功能包括以下几方面。

(1) 回答有关提问。计算机能正确理解人们用自然语言输入的信息,并能正确回答输入信息中的有关问题。

(2) 摘要生成和文本释义。对输入信息,计算机能产生相应的摘要,能用不同词语和句型对输入的信息进行复述。

(3) 计算机能把用某一种自然语言表示的信息自动地翻译为另一种自然语言。例如,把英语翻译成汉语,或把汉语翻译成英语等。

然而,对自然语言的理解却是一项十分艰难的任务。即使建立一个只能理解片言支语的计算机系统,也是十分不容易的。这中间有大量极为复杂的编码和解码问题。一个能够理解自然的计算机系统就像一个人那样需要理解上下文知识,并根据这些知识和信息进行推理的能力。自然语言不仅有语义、语法和语音问题,而且还存在模糊性等问题。

1.4.8 机器人学与自动规划

1. 机器人学

机器人学的研究涉及电子学、控制理论、系统工程、机械工程、仿生学和心理学等多个学科,是目前人工智能研究中比较活跃的研究领域,其发展前景是十分乐观的。这个领域研究的问题,从机器人手臂的最佳移动到实现机器人目标的动作序列的规划方法,无所不包。尽管已经研制出了一些比较复杂的机器人系统,但目前在工业上应用的成千上万台机器人都是一些按预先编好的程序执行某些重复作业的简单装置,属于可再编程序控制机器人,称为第一代机器人。这种机器人能有效地从事安装、搬运、包装和机械加工等工作,但只能刻板地完成程序规定的动作,不能适应变化的情况。

第二代机器人也称为自适应机器人,其主要标志是自身配备有相应的感觉传感器,如视觉传感器、触觉传感器和听觉传感器等,并用计算机对之进行控制。这种机器人通过传感器获取作业环境和操作对象的简单信息,然后由计算机对获得的信息进行分析和处理,控制机器人的动作。由于它能随着环境的变化而改变自身的行为,故称为自适应机器人。

第三代机器人是指具有类似于人的智能的所谓智能机器人,这种机器人具有感知环境的能力,配备有视觉、听觉、触觉和嗅觉等感觉器官,能从外部环境中获取有关信息,具有思维能力,能对感知到的信息进行处理,以控制自己的行为。它还具有作用于环境的行为能力,能通过传动机构使自己的"手""脚"等肢体行动起来,正确、灵巧地执行思维机构下达的命令。

2. 自动规划

规划是人类生产和社会活动的重要形式。自动规划旨在为活动实体(人、组织和机器)设计合理的行为——按时间顺序的活动序列。著名的早期经典规划技术是机器人动作规划系统STRIPS。20世纪70年代中期出现的部分排序规划技术(以 NOAH 系统和目标回归方法为代表)使经典规划取得了突破性进展。然而,鉴于真实世界的复杂性,大多数实际规划问题(包括机器人行动规划)都不满足经典规划问题的假设(系统每个动作的执行结果是完全可预言的)。于是,自20世纪70年代中期起,研究者开始了非经典规划技术(以动态世界规划和专用目的规划器为代表)的研究,并到20世纪80年代中后期形成了研究高潮。作为一个实用领域,智能的调度、规划和项目管理,得到了深入的研究。

1.4.9 人工神经网络

人工神经网络的研究始于20世纪40年代,是利用多个简单的处理单元彼此按照某一种方式相互连接而成的计算机系统,用来模拟大脑神经系统的结构和功能。人工神经网络已经成功地应用于人工智能领域的许多方面,例如自然语言处理、图像压缩、字符识别和经济模拟等。它在机器学习、专家系统、智能控制、模式识别和计算机视觉等领域已经取得显著成就,这说明模仿生物神经计算功能的人工神经网络具有计算机难以比拟的优势。现在,人工神经网络已成为人工智能中一个极其重要的研究领域。从实现智能的基本思路上看,人工神经网络与专家系统的最大区别在于专家系统属于人类智能的功能模拟,而人工神经网络则偏重对人脑结构的模拟。

1.4.10 智能检索

随着科学技术的迅速发展,出现了"知识爆炸"的情况,研究智能检索系统已成为科技持续、快速发展的重要保证。智能信息检索系统的设计者将面临以下几个问题:①建立一个能够理解以自然语言陈述的询问系统本身就存在不少问题。②即使能够通过规定某些机器能够理解的形式化询问语句来回避语言理解问题,但仍然存在一个如何根据存储的事实演绎出答案的问题。③理解询问和演绎答案所需要的知识都可能超出该学科领域数据库所表示的知识。

1.5 人工智能相关国际会议和网站介绍

人工智能的理论研究和应用正处于茁壮发展阶段,紧密关注和跟踪最新的人工智能领域的成果是非常重要的。下面介绍一些人工智能领域比较知名的国际会议和网站,以方便读者了解人工智能领域的最新动态和研究热点。

1.5.1 人工智能领域的国际会议

1. AAAI 简介

AAAI 的英文全称是 the Association for the Advance of Artificial Intelligence(人工智能发展协会)。美国人工智能协会(American Association for Artificial Intelligence)是人工智能领域的主要学术组织之一,该协会主办的年会是一个主要的人工智能学术会议。

2. NIPS 简介

NIPS 的英文全称为 Conference and Workshop on Neural Information Processing Systems(神经信息处理系统大会),是一个关于机器学习和计算神经科学的国际会议。该会议固定在每年的12月举行,由 NIPS 基金会主办。NIPS 是机器学习领域的顶级会议。在中国计算机学会的国际学术会议排名中,NIPS 为人工智能领域的 A 类会议。

3. CVPR 简介

CVPR 的英文全称是 IEEE Conference on Computer Vision and Pattern Recognition,即 IEEE 国际计算机视觉与模式识别会议。该会议是由 IEEE 举办的计算机视觉和模式识别领域的顶级会议。CVPR 是 IEEE 一年一度的学术性会议,会议的主要内容是计算机视觉与模式识别技术。

4. ICCV 简介

ICCV 的英文全称是 IEEE International Conference on Computer Vision,即国际计算机视觉大会,由 IEEE 主办,与计算机视觉模式识别会议(CVPR)和欧洲计算机视觉会议(ECCV)并称计算机视觉方向的三大顶级会议,被澳大利亚 ICT 学术会议排名和中国计算机学会等机构评为最高级别学术会议,在业内具有极高的评价。ICCV 在世界范围内每两年召开一次。

5. ECCV 简介

ECCV 的英文全称是 European Conference on Computer Vision,即欧洲计算机视觉国际会议,每两年召开一次,是计算机视觉三大会议之一。

6. ICML 简介

ICML 是 International Conference on Machine Learning 的缩写,即国际机器学习大会。ICML 已发展为由国际机器学习学会(IMLS)主办的年度机器学习国际顶级会议。

上述的 CVPR、ICCV、ECCV 是行业会议的三大世界顶级计算机视觉会议。

1.5.2 人工智能的网站

(1)中国人工智能网:http://www.chinaai.org/

(2)中国人工智能学会:http://caai.cn/

(3)MIT Aritficial Intelligence Lab:http://www.ai.mit.edu

(4)ACM SIGART(Special Interest Group on Artificial Intelligence):http://www.acm.org/sigart/

第二篇　经典人工智能

第 2 章 逻辑程序设计语言 PROLOG

人工智能是计算机科学的一个重要分支,它的实现是以计算机为工具的,并分为硬件实现和软件实现两个层次。前者借助于专用的人工智能机实现人工智能,后者采用通用的计算机,由软件实现人工智能,是目前实现人工智能的主要途径。因此,计算机软件设计是人工智能的关键。

为了合适而有效地表示知识和进行知识推理,以数值计算为主要目标的传统编程语言(诸如 C、Basic、Fortran 和 Pascal 等)已不能满足要求,一些专用于人工智能和智能系统的、面向任务和知识的、以知识表示和逻辑推理为目标的符号和逻辑处理编程语言[如 LISP(LIST Processing)、PROLOG(Programming in Logic)]、专用开发工具等便应运而生。

在近百种人工智能程序设计语言中,LISP 和 PROLOG 是人工智能研究和应用中占重要地位的两种语言。LISP 语言是为处理人工智能中大量出现符号编程问题而设计的,它的理论基础是符号集上的递归函数论,属于函数型语言。已经证明,用 LISP 可以编出符号集上的任何可计算函数。PROLOG 语言是为处理人工智能中大量出现的逻辑推理问题(首先是为解决自然语言理解问题)而设计的,属于逻辑型语言。它的理论基础是一阶谓词演算(Horn 子句演算)的消解法定理证明,其计算能力等价于 LISP。

2.1 常用的 PROLOG 语言开发工具

常用 PROLOG 语言开发工具见表 2-1。

表 2-1 常用的 PROLOG 语言开发工具

软件名称	类型	程序可直接运行	备注
SWI-Prolog	编译型/解释型	否	开源,功能丰富全面
SWISH	解释型	否	基于 web 的 Prolog,是一个很好的 Prolog 教学工具
Amzi prolog	编译型/解释型	否	可以很方便地和其他语言连接,开发智能程序
YAP Prolog	编译型/解释型	否	最快的 Prolog 系统之一
GNU Prolog	编译型	是	可以将 Prolog 程序编译为各种系统上的本机代码
Visual Prolog	编译型	是	仅支持 Windows 操作系统,可以制作界面、需要对谓词及数据进行声明

2.1.1 SWI-Prolog 编程环境的搭建

使用 PROLOG 语言需要分别下载和安装"SWI-Prolog(引擎)"和"SWI-Prolog-Editor(IDE)"两个软件包,其中:①"SWI-Prolog(引擎)"的官方网站是 http://www.swi-prolog.org;②"SWI-Prolog-Editor(IDE)"的官方网站是 http://lakk.bildung.hessen.de/netzwerk/faecher/informatik/swiprolog/indexe.html。

1. 安装 SWI-Prolog(引擎)

运行 SWI-Prolog 的安装程序,操作步骤如图 2-1~图 2-4 所示。

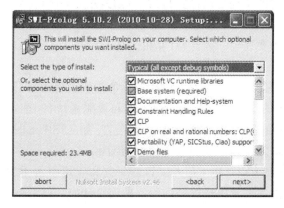

图 2-1 点击"下一步(next)"

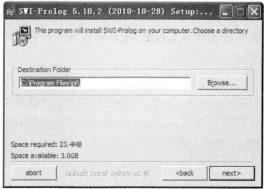

图 2-2 选择"目标文件夹(Destination Folder)"

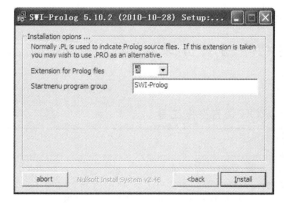

图 2-3 选择"程序文件的扩展名(Extension for Prolog files)"

图 2-4 点击"完成(finished)",完成安装

2. 安装 SWI-Prolog-Editor(IDE)

将下载的压缩包解压到某一个临时文件夹并运行文件夹中的 setup.exe 程序,步骤如图 2-5 和图 2-6 所示。

第 2 章 逻辑程序设计语言 PROLOG

图 2-5 点击"安装"

图 2-6 点击"关闭",完成安装

2.1.2 使用 SWI-Prolog-Editor 编写和调试程序

1. 新建或打开程序

点击"文件/新建"或"文件/打开"菜单项,进入 SWI-Prolog-Editor 主界面,如图 2-7 所示。

图 2-7 SWI-Prolog-Editor 主界面

2. 编写和保存程序

在"程序窗口"中编写程序的代码。在完成代码的编写后,点击"文件/保存"或"文件/另存为"菜单项,将程序存盘,如图 2-8 所示。

图 2-8 保存程序对话框

注意：为了在程序中能使用中文字符，必须在"Kodierung"中选择"UTF-8/Dos"选项。

3．执行和调试程序

点击"执行程序工具栏"中的"解释"按钮，将程序装入"SWI-Prolog 推理机"中。然后，在"目标窗口"中进行"询问"等操作。

在调试过程中，可以点击"重新开始"按钮将"SWI-Prolog 推理机"复位。

4．特殊情况

启动 SWI-Prolog-Editor 后，如果在目标窗口无法看到初始化成功的信息，那么可能是由于用户计算机安装的安全软件拦截了后台加载的动态链接库文件 Swing.dll，只须将该文件加入"信任名单"即可。

2.1.3 SWISH 简介

SWISH 提供了一个基于 Web 的工具来运行 PROLOG。SWI-Prolog 官方网站提供了一个公共服务器，其网址为 http://swish.swi-prolog.ong。用户可以使用网页浏览器在该网站上运行 PROLOG 程序，进行编程实验。

2.2 PROLOG 的三种基本语句

PROLOG 程序的语言结构包括语句和项，其中：语句分成事实、规则和询问；项用来表示数据对象，包括简单数据对象和结构化数据对象。

【例 2.1】 Tom 的家庭关系。

```
father(tom,john).          %表示"john 是 tom 的父亲。"
father(john,peter).        %表示"peter 是 john 的父亲。"
sister(tom,mary).          %表示"mary 是 tom 的姐妹。"
male(tom).                 %表示"tom 是男性。"
```

female(mary).   %表示"mary 是女性。"
male(Y) :− father(X,Y).   %表示"如果 Y 是 X 的父亲,那么 Y 是男性。"
female(Y) :− mather(X,Y).   %表示"如果 Y 是 X 的母亲,那么 Y 是女性。"
grandfather(X,Z) :− father(X,Y),father(Y,Z).   %表示"如果 Y 是 X 的父亲,且 Z 是 Y 的
                                                %父亲,那么 Z 是 X 的祖父。"

【运行结果】

(1) 表示"john 是 tom 的父亲吗?":

   ? −father(tom,john).
   true.

(2) 表示"margaret 是 tom 的父亲吗?":

   ? −father(tom,margaret).
   false.

(3) 表示"john 是男性吗?":

   ? −male(john).
   true.

(4) 表示"tom 的祖父是谁?":

   ? −grandfather(tom,X).
   X = peter ;
   false.

【说明】

本例中包含事实、规则和询问三种语句,其中:事实表示已经认可的事物及其关系;规则定义事物之间的关系,或描述一个事实依赖于其他一组事实;询问用于询问有关对象及其关系。

2.2.1 事实

事实表示已经认可的事物及其关系。在 PROLOG 中,事实在形式上有如下特点:

(1) 事实一般有关系名和对象名两部分,关系名在前,对象名包括在圆括号内,中间以逗号隔开。

(2) 对象名和关系名以字母或汉字开头,如 father、tom、小明等。

(3) 事实以"."结束。

在 PROLOG 中,关系名叫"谓词",对象名可以是常量,例如:

   father(tom,john).
   sister(小明,小红).

在一个事实中,可以有多个对象名,例如:

   play(tom,jim,football).

2.2.2 规则

规则定义事物之间的关系,或描述一个事实依赖于其他一组事实。

【例 2.2】 表示"Tom 喜欢所有的人"。

方法 1:采用许多事实来表示,程序如下:

   like(tom,mary).
   like(tom,jim).

like(tom,jake).
… …

方法 2:采用规则来表示,程序如下:
like(tom,X) :- person(X).

【说明】

"Tom 喜欢所有的人"相当于"Tom 喜欢所有的对象,只要这一对象是人。",即 Tom 喜欢某一对象的事实依赖于对象是人这一事实。在 PROLOG 中,用大写字母开头的标识符表示变量。规则从形式上有如下特点:

(1)规则由头和体组成。":-"的左部称为规则头,":-"的右部称为规则体,规则头和规则体由符号":-"相连,":-"表示的意思是"如果"。

(2)规则头只能由一个"类事实"组成(为了表述方便,引进"类事实"的概念,它与事实在形式上相似,但它只出现在规则中,不以"."结尾,且对象名可以是变量)。

(3)规则体可由多个"类事实"组成,各个"类事实"可用","或";"隔开,","表示"并且",";"表示"或者"。例如:

"child(X) :- boy(X) ; girl(X)."

意为:如果 X 是男孩或女孩,则 X 是孩子。

"grandfather(X,Z) :- father(X,Y), father(Y,Z)."

意为:如果 Y 是 X 的父亲,且 Z 是 Y 的父亲,那么 Z 是 X 的祖父。

规则的一般形式如下:

p:-p1,p2,p3,…,pn.

其中,p1,…,pn 均为命题。在此,","是合取(或并且)的意思。规则的语义是:如果"p1,p2,…,pn"为真,则 p 就为真,即规则头部就为真。值得注意的是规则的解释:在一条规则中,所有相同的变量代表了相同的对象,而在规则的不同使用时,变量可以代表不同的对象。但在规则的同一次使用中,对一变量的解释必须完全一致。一般地,可用两种方式给出谓词的有关信息,可采用事实,也可采用规则,也可以是事实和规则的混合体,通常将一个事实或一个规则统称为某个谓词的子句(clause)。

举例如下:

(1) like(tom,jane).
like(jane,mary).
like(tom,X) :- like(X,mary).

其中,"like(tom,jane)."与"like(tom,jane) :- true."是等价的。

(2) hate(tom,X) :- hate(X,mary).
praise(teacher,X) :- right(X).
wife(X,Z) :- mother(Y,Z), father(Y,X).
aunt(X,Y) :- parent(X,F,M) ; (sister(F,Y) ; sister(M,Y)).

【补充说明】

(1)"规则"与"事实"的区别在于:"事实"是永远无条件为真,而规则必须满足条件部分(规则体),结论部分(规则头)才为真。

(2)","的优先级比";"高,除非用"( )"来改变操作顺序。

(3)规则与规则之间是"或"的关系(若同一关系有 2 条以上规则),例如:"P 在 D 这一天去

钓鱼,若 D 是周六或周日,并且有摩托车。"可表示为
  go_fishing (P,D) :- (saturday(D) ;sunday(D)) ,has_motor(P).
等价于
  go_fishing (P,D) :- saturday(D) ,has_motor(P).
  go_fishing (P,D) :- sunday(D) ,has_motor(P).

2.2.3 询问

有了知识库(PROLOG 把事实和规则的集合称为知识库),用户便可以借助它解决问题。在 PROLOG 中,用户要求计算机处理问题是通过询问来完成的,即 PROLOG 程序的执行是通过询问实现的。

【例 2.3】 设有如下知识库:
  like(tom,mary).   %表示"Tom 喜欢 Mary"
  hate(jim,mary).   %表示"jim 恨 mary"
  hate(tom,X) :- hate(X,mary). %表示"如果 X 恨 Mary,那么 Tom 就恨 X"

【运行结果】
  ?- like(tom,mary),hate(jim,mary).
  true
  ?- hate(tom,X) ;like(tom,jim).
  X=jim

【说明】
询问在形式上有以下特点:
(1)询问以"?-"开头,"?-"后面是一个类事实,称为目标。
(2)一个询问中可以有一个或多个目标,中间以","或";"连接。
(3)询问以"."结尾。

【例 2.4】
  like(tom,mary).
  like(jane,mary).
  like(jim,mary).
  like(tom,X) :- like(X,mary).
  ?- like(tom,X).

【运行结果】
  X = mary ;
  X = tom ;
  X = jane ;
  X = jim ;
  false.

【例 2.5】
  father(tom,john).
  father(john,peter).
  grandfather(X,Z) :- father(X,Y),father(Y,Z).
  ?- grandfather(tom,G).

【运行结果】

  G = peter；

  false.

【说明】

程序执行的过程如下：

第一步：X=tom,Z=G

第二步：grandfather(tom,Z)变成 father(tom,Y),father(Y,G)

第三步：Y=john

第四步：father(Y,G)变成 father(john,G)

第五步：G=peter

2.3 PROLOG 的项

  PROLOG 语言有统一的数据结构，称为项，数据和程序都是由项构成的。

  PROLOG 项的定义用 BNF 形式可以书写如下：

  ＜项＞::=＜常量＞|＜变量＞|＜结构＞|(＜项＞)

即项可以是常量、变量、结构或包括在括号里的项。

  PROLOG 源程序本身就是由项组成的，尤其重要的是当对目标进行求解时，要不断地对项进行匹配(合一运算)。

2.3.1 常量

  PROLOG 的常量可以是数值或者原子，形式如下：

  ＜常量＞::=＜原子＞|＜数值＞

1. 数值

  PROLOG 的数值包括整数和实数。因为 PROLOG 主要是一种用于符号和非数值计算的语言，所以实数用得很少，相反整数用得多一些。

2. 原子

  原子用于标识对象的名字、谓词名等，可以是一个小写字母，或者是以小写字母开头的一串字符，也可以是用单引号括起来的字符串，但是不包括那些作为变量使用的字符。

  常量的例子：today,an-atom,class5,′Tom′,′Today is Sunday′等。

  常量用于表示某些具体对象，还用于表示具体对象间的关系。

2.3.2 变量

  变量用来表示暂时不需要命名或不能命名的对象。

  PROLOG 用一个大写字母或一个下划线字符开头的字母、数字、下划线的串来表示变量，例如 X，Result，Object2，_x23 等。有一个特殊变量用下划线"_"表示(匿名变量)。

  在同一子句里匿名变量不需要一致的解释。而在同一个子句里有名变量的多次出现需要有一致的解释。例如下列程序：

  father(1,2).

father(2,3).
grandfather(X,Y) :- father(X,Z),father(Z,Y).

其中,grandfather(X,Y)和 father(X,Z)中的 X 的解释是一致的,都为 1;parent(Z):- father(_,Z);mother(_,Z)中的"_"可以有不同的解释。

2.3.3 结构

结构是复合项,是由一组其他对象组成的单个对象,这些其他对象称为它的成分,其定义如下:

＜结构＞∷＝＜谓词名＞(＜项＞,{＜项＞})
＜谓词名＞∷＝＜原子＞

由上述定义可知,结构是具有若干成分的对象,成分本身还可以是结构。结构由一个函子(函数符 functor)及它的若干成分组成。成分可以是常量、变量、表或结构,成分间用逗号分开。例如,表示一个交通事故的结构可以是如下形式:

accident(date(Year,Month,Day),Character, Place)

又如,表示"Tom likes Mary",可以用如下形式:

likes('Tom','Mary')

或

likes(tom, mary)

结构可用树状图表示,其根为函子。结构 accident(date(Year,Month,Day),Character, Place)可用图 2-9 表示。

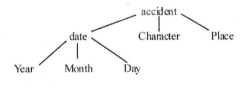

图 2-9 PROLOG 的结构

2.4 PROLOG 的表

在人工智能研究领域中,表是最简单、最有用的结构之一,它广泛地应用于非数值的程序设计中。表是 PROLOG 中一种特殊形式的结构。表是用方括号包围起来的一些用","分开的元素来表示的。表中的元素可以是数字、常量、变量、结构或其他的表。

表的例子如:[ ], [a, b, c], [1, 2, 3], [a, b, c, d, [e, f], g]。

表也可写成结构的形式,例如[a, b, c]可写成 ·(a·(b·(c [ ]))),其中"·"是表的函子,即表是以"·"为函子的特殊结构。表的第一个元素被称为表头,其余的元素组成的表被称为表尾。在表中可以使用结构符"|",在"|"前面的 n 个元素是表的前 n 个元素,在"|"后面用一个表给出表的其他元素。

举例如下:

(1)[a, b, c]中 a 是表头,[b, c]是表尾;[a, b, c]=[a | [b, c]]=[a, b | [c]]=[a, b, c | [ ]]。

(2)[a｜X]表示以 a 为头的表。
(3)[H｜T]表示一个非空表。其中 H 表示表头,T 表示表尾。
(4)[[H｜T]｜Z]表示一个以非空表为表头的表。

请注意,表的结构符在 PROLOG 程序设计中有特别重要的地位,有了它,可以非常方便地表示一些问题,简化程序。一定要牢牢树立结构符"｜"的概念和学会使用它。由于 PROLOG 的所有结构化数据都是树,所以尽量使用[ann,tennis,tom,skiing]这样比较简洁的标记来表示表。

2.5　PROLOG 的基本运算

PROLOG 是一种主要用于符号计算的语言,较少进行数值计算。在 PROLOG 中,两个数值或两个实例化为数值的变量 X,Y 之间可进行下列基本运算。

1. 算术运算

PROLOG 提供了五种最基本的算术运算:加、减、乘、除和取模,相应运算符号为＋、－、*、/、mod。这五种运算的顺序为 *、/、mod 优先于＋、－。

2. 比较运算

PROLOG 的比较运算见表 2-2。

表 2-2　PROLOG 的比较运算

表达式	含　义
X=Y	X 与 Y 是同一数值
X\=Y	X 与 Y 是不同数值
X=\=Y	X 与 Y 是不同数值
X<Y	X 比 Y 小
X>Y	X 比 Y 大
X=<Y	X 等于 Y 或 X 比 Y 少
X>=Y	X 大于 Y 或 X 等于 Y
X=:=Y	X 和 Y 的值相等

"X=Y"与"X=:=Y"的差别:①"X=Y"将导致对象 X 和 Y 的匹配,并且,如果 X 和 Y 匹配,可能将使 X 和 Y 中的某些变量受约束,但不求值。②"X=:=Y"导致算术求值,但不导致对变量的约束。

举例说明:

(1) ?－1+2=:=2+1.
　　YES

说明:PROLOG 将对"=:="两边的表达式进行求值。

(2) ?－1+2=2+1.
　　No

说明:导致匹配和变量约束,因为两者不匹配,所以回答为 no。

(3) ?-1+A=B+2.
   A=2
   B=1

说明：导致匹配，当 $A=2$，$B=1$ 时，才匹配。

3. is 谓词

PROLOG 预定义了内部谓词 is 用于对表达式求值，并将计算结果赋给某个变量。

举例说明：

(1) ?-X=1+2.
   X=1+2

说明：没有使 PROLOG 对表达式求值，只是把"1+2"看作一个项。

(2) ?-X is 1+2.
   X=3

说明：is 谓词使 PROLOG 对表达式"1+2"求值。

(3) ?-Y is 3/2.
   Y=1.5

说明：is 谓词使 PROLOG 对表达式"3/2"求值。

2.6　PROLOG 的常用系统谓词

(1) write(+Term)。

功能：在屏幕输出一个项。

举例：?- write('hello world').

　　　?- X=12, write(X).

(2) nl。

功能：换行

举例：?- write('line1'), nl, write('line2').

(3) writeln(+Term)。

功能：相当于 write(Term), nl。

(4) writef(+Format, +Arguments)。

功能：类似 C 语言的 printf 函数，用于格式化输出信息，其中，Format 为格式串，Arguments 为参数表。格式串中可以包含格式控制符，以实现特定的字符串输出效果。表 2-3 介绍了部分格式控制符的功能。

表 2-3　部分格式控制符功能说明

格式控制符	功能描述
%w	直接输出 Arguments 中对应的参数
%Nc	直接输出 Arguments 中对应的参数，参数占 N 个字符宽度，居中对齐
%Nl	直接输出 Arguments 中对应的参数，参数占 N 个字符宽度，左对齐
%Nr	直接输出 Arguments 中对应的参数，参数占 N 个字符宽度，右对齐

举例：? - writef('A=%w   B=%w', [1, 2]).
       ? - writef('A=%w \\tB=%w', [1, 2]).
       ? - writef('A=%w \\nB=%w', [1, 2]).
       ? - writef('A=%10cB=%10c', [1, 2]).
       ? - writef('A=%10LB=%10L', [1, 2]).
       ? - writef('A=%10rB=%10r', [1, 2]).

(5) read(－Term)。

功能：从键盘读取一个项，注意在项的结尾添加半角字符"."。

举例：? - read(X), write(X).
|: 12.↙
12
? - read(12).
|: 12.↙
true.
? - read(12).
|: 12.↙
false.

(6) member(? Elem, ? List)。

功能：检查某个对象 Elem 是不是表 List 的元素。如果 Elem 在 List 中，那么目标 member(Elem, List)为真，否则目标 member(Elem, List)为假。

举例：? - member(a, [d,e,a,c]).
true.
? - member(k, [d,e,a,c]).
false.
? - member(X, [d,e]).
X = d ;
X = e.

(7) append(? List1, ? List2, ? List3)。

功能：将表 List1 和表 List2 拼接为表 List3，或将表 List3 分裂为表 List1 和 List2。其物理意义如图 2-10 所示。

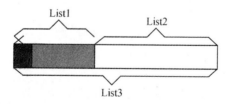

图 2-10 append 谓词的物理意义

举例：

append 有多种用法，一种用法是正向使用（即求两个表的拼接，见例 2.6），另外几种用法是逆向使用，例如："逆向使用 1（见例 2.7）"相当于"分裂一个表为两个表"；"逆向使用 2（见例 2.8）"相当于"删去一个表的前 n 个元素"；"逆向使用 3（见例 2.9）"相当于"删去表的后 n 个元素";"逆向使用 4(见例 2.10)"相当于"删去表的前 n 个元素与后 n 个元素"。

【例 2.6】 正向使用谓词 append,求两个表的拼接。

?- append([a, b, c], [1, 2, 3], L).

【运行结果】

L=[a, b, c, 1, 2, 3]

【例 2.7】 逆向使用谓词 append,将[a, b, c]分裂为 L1 和 L2 两个表。

?- append(L1, L2, [a, b, c]).

【运行结果】

L1 = [],
L2 = [a, b, c];
L1 = [a],
L2 = [b, c];
L1 = [a, b],
L2 = [c];
L1 = [a, b, c],
L2 = []

【例 2.8】 逆向使用谓词 append,相当于从表[a, b, 1, 2, 3, 4]中删去最前面两个元素。

?- append([a, b], L2, [a, b, 1, 2, 3, 4]).

【运行结果】

L2=[1, 2, 3, 4]

【例 2.9】 逆向使用谓词 append,相当于从表中删去最后面。

?- append(L1, [3, 4], [a, b, 1, 2, 3, 4]).

【运行结果】

L1=[a, b, 1, 2]

【例 2.10】 逆向使用谓词 append,相当于从表中删去前 2 个和后 2 个元素。

?- append([a, b], L2, [a, b, 1, 2, 3, 4]), append(L1, [3, 4], L2).

【运行结果】

L2 = [1, 2, 3, 4],
L1 = [1, 2]

(8) reverse(? List1, ? List2)。

功能:表 List1 中的元素逆序排列,即为表 List2。

举例:?- reverse([1,2,3,4], L).

L = [4, 3, 2, 1].

?- reverse(L, [1,2,3,4]).

L = [4, 3, 2, 1]

?- reverse([6,4,3,2,1], [1,2,3,4,6]).

true.

?- reverse([1,2,3,4,6], [1,2,3,4,6]).

false.

(9) length(? List, ? Int)。

功能:表 List 中的元素个数为 Int。

举例:? - length([2,4,2,9,7,8], I).

I = 6.

? - length(L, 3).

L = [_G373, _G376, _G379].

(10) sort(+List, -Sorted)。

功能:将表 List 的元素正序排列,去除重复元素,得到表 Sorted。

举例:? - sort([2,4,2,9,7,8], L).

L = [2, 4, 7, 8, 9].

? - sort([2, 4, 2, 9, 7, 8], [2, 2, 4, 7, 8, 9]).

false.

? - sort([2, 4, 2, 9, 7, 8], [2, 4, 7, 8, 9]).

true.

(11) msort(+List, -Sorted)。

功能:将表 List 的元素正序排列,保留重复元素,得到表 Sorted。

举例:? - msort([2,4,2,9,7,8], L).

L = [2, 2, 4, 7, 8, 9].

? - msort([2, 4, 2, 9, 7, 8], [2, 2, 4, 7, 8, 9]).

true.

(12) keysort(+List, -Sorted)。

功能:将表 List 的元素(必须是 Key - Value 格式)按 Key 正序排列,保留重复元素,得到表 Sorted。

举例:? - keysort([2-a, 4-b, 2-c, 9-d, 7-e, 8-f], L).

L = [2-a, 2-c, 4-b, 7-e, 8-f, 9-d].

(13) 集合谓词 bagof(Template, Goal, Bag)。

在保证目标 Goal 成功的条件下,根据模板 Template 所描述的项的格式来构建集合 Bag。如果目标 Goal 中包含自由变量(free variable),并且模板 Template 中所包含了该变量,则谓词 bagof 将利用回溯机制找到该变量的所有的取值,并把每一个取值与模板 Template 相结合,构造出对应的一个新的项,最后,将构造的所有的新的项合并成为一个集合 Bag。当目标 Goal 没有找到解答时,谓词 bagof 将会失败。以下是 bagof 的一个使用例子。

【例 2.11】

foo(a, b, c).

foo(a, b, d).

foo(b, c, e).

foo(b, c, f).

foo(c, c, g).

? - bagof(C, foo(A, B, C), Cs).

【运行结果】

A = a,

B = b,

Cs = [c, d] ;

A = b,
B = c,
Cs = [e, f]；
A = c,
B = c,
Cs = [g].

【说明】

可以使用"Var^Goal"的形式告诉 bagof 不要在匹配目标 Goal 的过程中绑定变量。

执行询问：

　　? - bagof(C，A^foo(A，B，C)，Cs).

运行结果：

B = b,
Cs = [c, d]；
B = c,
Cs = [e, f, g].

(14) 集合谓词 setof(Template，Goal，Set)。

setof 的使用方法与 bagof 相同。setof 在 bagof 的基础上,对结果集合的元素进行排序,并且去掉其中重复的元素。

(15) 集合谓词 findall(Template，Goal，Bag)。

findall 的使用方法与 bagof 相同,功能也几乎相同。与 bagof 最主要的差别是,当目标 Goal 没有找到解答时,谓词 findall 不会失败,而是返回一个空表[ ]。

第 3 章　用 PROLOG 求解趣味智力题

无论用哪一种程序设计语言编写趣味智力题的程序都需要编程者对所使用的语言及其他知识具有相当的基础。PROLOG 语言擅长于逻辑推理，尤其适于编写人工智能趣味题的程序，如纵横字谜、探索迷宫和过河策略等。在用来编写趣味智力题时，其程序非常简洁。

3.1　纵横字谜

3.1.1　问题简介

"纵横字谜"是世界上广为流行的单词游戏。游戏要求玩家根据一定的规则在方格中填入单词，构成单词的字母可能会存在纵横交错的情况。给出若干成语，也可构造此类游戏。下面用 PROLOG 解决一个简化版的"纵横字谜"。

将 5 个四字成语"座无虚席""席丰履厚""大公无私""无可厚非""大浪淘沙"填入标志方格（较深颜色的方格），如图 3-1 所示。

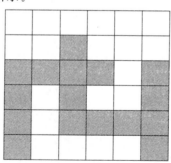

图 3-1　纵横方格

3.1.2　分析求解

用 PROLOG 解决本问题的要点是构造出表示各个成语和纵横方格解题的谓词，设置标记纵横方格和交叉点的变量。例如，成语"座无虚席"用 PROLOG 事实可表达为

　　words(座无虚席,座,无,虚,席).

读作：座无虚席是一个成语，它由座、无、虚、席这 4 个字构成。

上述 5 个成语可以用谓词 words 表示如下：

　　words(座无虚席,座,无,虚,席).
　　words(席丰履厚,席,丰,履,厚).

words(大公无私,大,公,无,私).
words(无可厚非,无,可,厚,非).
words(大浪淘沙,大,浪,淘,沙).

执行查询:

?- words(R1,A,B,C,D).

结果为

R1=座无虚席,A=座,B=无,C=虚,D=席
R1=席丰履厚,A=席,B=丰,C=履,D=厚
R1=大公无私,A=大,B=公,C=无,D=私
R1=无可厚非,A=无,B=可,C=厚,D=非
R1=大浪淘沙,A=大,B=浪,C=淘,D=沙

纵横方格共有5处,分别标记为5个变量R1,R2,C1,C2,C3(R表示行,C表示列),如图3-2所示。

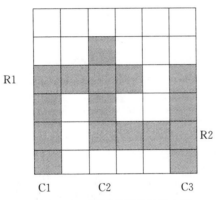

图3-2 标记行列的纵横方格

则解题的谓词为

crossword(R1,R2,C1,C2,C3).

在各字之间的"交叉点"做上标记,表示为变量A、B、C、D等来实现,如图3-3所示。

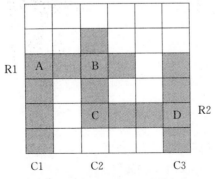

图3-3 标记交叉点的纵横方格

执行查询:

words(R1,A,_,B,_).

结果为

R1=座无虚席,A=座,B=虚

R1＝席丰履厚，A＝席，B＝履

R1＝大公无私，A＝大，B＝无

R1＝无可厚非，A＝无，B＝厚

R1＝大浪淘沙，A＝大，B＝淘

接下来定义推理规则。根据题意，符合要求的一组成语(R1，R2，C1，C2，C3)的条件是：

(1)R1，R2，C1，C2，C3 的内容是由 words 定义的。

(2)R1，C1 的第 1 个字相同。

(3)R1 的第 3 个字与 C2 的第 2 个字相同。

(4)C2 的第 4 个字与 R2 的第 1 个字相同。

(5)R2 的第 4 个字与 C3 的第 3 个字相同。

其中，"R1，C1 的第 1 个字相同。"可理解为取出 R1 的第一个字并将其保存在 A 中，然后取出 C1 的第一个字并与其比较，若相同即说明"R1，C1 的第 1 个字相同"。用 PROLOG 表示为

  words(R1, A, _, _, _).

  words(C1, A, _, _, _).

推理规则定义如下：

  crossword(R1,R2,C1,C2,C3):-

    words(R1, A, _, B, _),

    words(C1, A, _, _, _),

    words(C2, _, B, _, C),

    words(R2, C, _, _, D),

    words(C3, _, _, D, _).

【例 3.1】

  words(座无虚席,座,无,虚,席).

  words(席丰履厚,席,丰,履,厚).

  words(大公无私,大,公,无,私).

  words(无可厚非,无,可,厚,非).

  words(大浪淘沙,大,浪,淘,沙).

  crossword(R1,R2,C1,C2,C3):-

    words(R1, A, _, B, _),

    words(C1, A, _, _, _),

    words(C2, _, B, _, C),

    words(R2, C, _, _, D),

    words(C3, _, _, D, _).

  ?－crossword(R1,R2,C1,C2,C3).

【运行结果】

  R1 ＝C1,

  C1 ＝大公无私,

  R2 ＝席丰履厚,

  C2 ＝座无虚席,

  C3 ＝无可厚非；

  R1 ＝大公无私,

  R2＝席丰履厚，
  C1＝大浪淘沙，
  C2＝座无虚席，
  C3＝无可厚非；
  false.

请思考，上述程序共有两个解，其中有一个不合要求，为什么会出现该解？如何解决？修改后程序清单见例 3.2。

【例 3.2】
  words(座无虚席,座,无,虚,席).
  words(席丰履厚,席,丰,履,厚).
  words(大公无私,大,公,无,私).
  words(无可厚非,无,可,厚,非).
  words(大浪淘沙,大,浪,淘,沙).
  crossword(R1,R2,C1,C2,C3):-
    words(R1,A,_,B,_),
    words(R2,C,_,_,D),
    words(C1,A,_,_,_,_),
    words(C2,_,B,_,C),
    words(C3,_,_,D,_),
    R1\=R2, R1\=C1, R1\=C2, R1\=C3,
    R2\=C1, R2\=C2, R2\=C3,
    C1\=C2, C1\=C3,
    C2\=C3.

【运行结果】
  R1＝大公无私，
  R2＝席丰履厚，
  C1＝大浪淘沙，
  C2＝座无虚席，
  C3＝无可厚非；
  false.

3.1.3　知识小结

  匹配是 PROLOG 最基本、最重要的机制之一，也是 PROLOG 的智能特性之一。匹配是项的最重要的运算，匹配是在项与项之间进行的。

  项的匹配机制一方面因问题求解(询问)由 PROLOG 系统内部产生，另一方面也可以通过 PROLOG 所提供的相等比较("＝")进行。这种相等比较的实质就是按照匹配规则对两端的项进行对比，并在必要时产生变量置换(具体化)，这种匹配操作又叫作"合一"或"一致化"。

  PROLOG 中两个项 T1 与 T2 之间进行匹配的一般规则如下：

  (1) 如果 T1 是一个自由变量，则不论 T2 属于项中的哪种情况，匹配均获成功，且 T1 为 T2 具体化，反之亦然。

  (2) 常量只能与本身匹配。

(3)如果 T1 和 T2 都是结构,那么当且仅当下述 3 个条件都成立,这两个结构才匹配。
1)它们有共同的主函子;
2)它们具有相同数量的成分;
3)它们所有对应的成分都匹配成功。

【例 3.3】

(1)若 T1=date (D1,many,Y1),T2=date(x,X,1983),则 T1 与 T2 可以匹配成功,并且合一为 x=D1, X=may, Y1=1983。

(2)若 T1=date(D,M,1983),T2=date (D,M,1944),则 T1 与 T2 不匹配,因为 1983 与 1944 无法匹配。

(3)若 T1=date(X,Y,Z),T2=point(X,Y,Z),则 T1 与 T2 不匹配,因为主函子不同。

(4)若 T1=R(X,Y),T2=R(X,Y,Z),则 T1 与 T2 不匹配,因为两个结构的成分个数不同。

3.2 五五谜题(五座房子逻辑推理问题)

3.2.1 问题简介

有五座房子,每个房子的颜色不同,里面分别住着不同国家的人,每个人都有自己养的不同的宠物,喜欢喝不同的饮料,抽不同牌子的烟。现在已知以下的一些信息:

英国人(Englishman)住在红色(Red)的房子里。

西班牙人(Spaniard)养了一条狗(Dog)。

挪威人(Norwegian)住在左边的第一个房子里。

黄色(Yellow)房子里的人喜欢抽 Kools 牌的香烟。

抽 Chesterfields 牌香烟的人与养狐狸(Fox)的人是邻居。

挪威人(Norwegian)住在蓝色(Blue)的房子旁边。

抽 Winston 牌香烟的人养了一只蜗牛(Snails)。

抽 Lucky Strike 牌香烟的人喜欢喝橘子汁(Orange juice)。

乌克兰人(Ukrainian)喜欢喝茶(Tea)。

日本人(Japanese)抽 Parliaments 牌的烟。

抽 Kools 牌的香烟的人与养马(Horse)的人是邻居。

喜欢喝咖啡(Coffee)的人住在绿色(Green)房子里。

绿色(Green)房子和象牙白色(Ivory)房子相邻。

中间那个房子里的人喜欢喝牛奶(Milk)。

根据以上条件,你能告诉我哪个房子里的人养斑马(Zebra)?哪个房子里的人喜欢喝水吗?或者能把所有的东西都对号入座吗?

3.2.2 分析求解

下面用 Prolog 语言来推理这个问题,这里的房间有五个信息,可定义结构 h(C, N, P, Y, D)来储存房间的信息。C, N, P, Y, D 分别对应颜色、国籍、宠物、香烟、饮料。用下面的列表[h(C1,N1,P1,Y1,D1),h(C2,N2,P2,Y2,D2),h(C3,N3,P3,Y3,D3),h(C4,N4,P4,Y4,D4),h(C5,N5,P5,Y5,D5)]来表示房间及所有的信息。

定义 5 个谓词来说明房间的信息：

  color(h(C,N,P,Y,D),C). %房间的颜色
  nation(h(C,N,P,Y,D),N). %房间的主人
  pet(h(C,N,P,Y,D),P). %房间里主人养的宠物
  yan(h(C,N,P,Y,D),Y). %房间主人抽的烟
  drink(h(C,N,P,Y,D),D). %房间主人喝的饮料

定义谓词说明房间的相对位置信息：

  next(A,B,[A,B,C,D,E]). %两个房间相邻
  next(B,C,[A,B,C,D,E]).
  next(C,D,[A,B,C,D,E]).
  next(D,E,[A,B,C,D,E]).
  next(B,A,[A,B,C,D,E]).
  next(C,B,[A,B,C,D,E]).
  next(D,C,[A,B,C,D,E]).
  next(E,D,[A,B,C,D,E]).
  middle(X,[_,_,X,_,_]). %房间在中间
  first(A,[A|X]). %房间在第一个位置

现在把上面的信息转化为 Prolog 语言的子句,通过 solve/3 谓词来实现,第一个参数 X 返回所有东西对号入座后的房间列表,第二参数 TT 返回养斑马的人住的房间,第三个参数 TTT 返回喜欢喝水的人的房间。用 member/2 谓词来实现选择再校验的方法。

  solve(X, TT, TTT) :-
    X=[h(C1,N1,P1,Y1,D1),h(C2,N2,P2,Y2,D2),h(C3,N3,P3,Y3,D3),h(C4,N4,P4,Y4,D4),
     h(C5,N5,P5,Y5,D5)],
  %英国人(Englishman)住在红色(Red)的房子里。
    member(Z1,X), %首先从 X 列表中选择一个房间 Z1。
    color(Z1,red), %Z1 的颜色是 Red。
    nation(Z1,englishman), %Z1 里住的人是 Englishman。下同。

  %西班牙人(Spaniard)养了一条狗(Dog)。
    member(Z2,X),
    pet(Z2,dog),
    nation(Z2,spaniard),

  %挪威人(Norwegian)住在左边的第一个房子里。
    first(Z3,X),
    nation(Z3,norwegian),

  %黄色(Yellow)房子里的人喜欢抽 Kools 牌的香烟。
    member(Z4,X),
    yan(Z4,kools),

color(Z4,yellow),

%抽Chesterfields牌香烟的人与养狐狸(Fox)的人是邻居。
　　member(Z5,X),
　　pet(Z5,fox),
　　next(Z6,Z5,X),　　%用next(Z5,Z6,X)也一样。
　　yan(Z6,chesterfields),

%挪威人(Norwegian)住在蓝色(Blue)的房子旁边。
　　member(Z7,X),
　　color(Z7,blue),
　　next(Z8,Z7,X),
　　nation(Z8,norwegian),

%抽Winston牌香烟的人养了一只蜗牛(Snails)。
　　member(Z9,X),
　　yan(Z9,winston),
　　pet(Z9,snails),

%抽Lucky Strike牌香烟的人喜欢喝橘子汁(Orange juice)。
　　member(Z10,X),
　　drink(Z10,'orange juice'),
　　yan(Z10,'Lucky Strike'),

%乌克兰人(Ukrainian)喜欢喝茶(Tea)。
　　member(Z11,X),
　　nation(Z11,ukrainian),
　　drink(Z11,tea),

%日本人(Japanese)抽Parliaments牌的烟。
　　member(Z12,X),
　　nation(Z12,japanese),
　　yan(Z12,parliaments),

%抽Kools牌的香烟的人与养马(Horse)的人是邻居。
　　member(Z13,X),
　　pet(Z13,horse),
　　next(Z14,Z13,X),
　　yan(Z14,kools),

%喜欢喝咖啡(Coffee)的人住在绿色(Green)房子里。
　　member(Z15,X),
　　color(Z15,green),

第 3 章　用 PROLOG 求解趣味智力题

　　drink(Z15,coffee),

%绿色(Green)房子和象牙白色(Ivory)房子相邻。
　　member(Z16,X),
　　color(Z16,ivory),
　　next(Z17,Z16,X),
　　color(Z17,green),

%中间那个房子里的人喜欢喝牛奶(Milk)。
　　middle(Z18,X),
　　drink(Z18,milk),

%找出宠物为 Zebra 的房间。
　　member(TT,X),
　　pet(TT,zebra),

%找出喝水的房间。
　　member(TTT,X),
　　drink(TTT,water).

把这些代码装入推理机,推理机就会对所给的信息进行匹配和回溯,如果都匹配成功了,那么就会输出正确的解。

【例 3.4】
现在,可以构造一个目标 solve(X,TT,TTT)来测试是否存在满足五五谜题约束条件的变量取值,形式如下：
　　? - solve(X, TT, TTT).

【运行结果】
　　X = [h(yellow, norwegian, fox, kools, water), h(blue, ukrainian, horse, chesterfields, tea), h(red, englishman, snails, winston, milk), h(ivory, spaniard, dog, 'Lucky Strike', 'orange juice'), h(green, japanese, zebra, parliaments, coffee)],
　　TT = h(green, japanese, zebra, parliaments, coffee),
　　TTT = h(yellow, norwegian, fox, kools, water)　;
　　X = [h(yellow, norwegian, fox, kools, water), h(blue, ukrainian, horse, chesterfields, tea), h(red, englishman, snails, winston, milk), h(green, japanese, zebra, parliaments, coffee), h(ivory, spaniard, dog, 'Lucky Strike', 'orange juice')],
　　TT = h(green, japanese, zebra, parliaments, coffee),
　　TTT = h(yellow, norwegian, fox, kools, water) ;
　　false.

【说明】
由输出结果可知,这道题有两个答案。因为其中有一个约束条件是"绿色房子和象牙白色房子相邻",所以这两间房子的左右排列顺序并不是确定的,从而导致答案有两个。从输出结果可以看出这两个答案的最后,两间房子顺序正好颠倒过来。

3.3 迷宫问题

3.3.1 问题简介

编写程序查找从迷宫的入口到出口的行走路径。迷宫如图3-4所示。

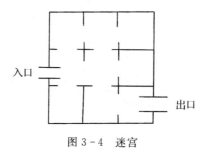

图3-4 迷宫

请思考:如何通过划分区域来表示迷宫地图?如何用事实表示该迷宫地图?

3.3.2 分析求解

将迷宫地图分成9个区域,分别用S_i,S_1,S_2,…,S_9,S_o 11个状态表示这9个区域和入、出口,如图3-5所示。

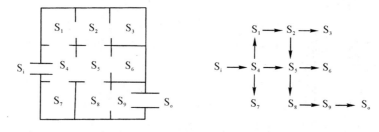

图3-5 用状态表示的迷宫问题

定义谓词connect(A,B)用于表示地图中,两个相邻状态A,B的直接连线,即connect(A,B)表示从状态A到状态B的连线,则上述地图可用下述事实表示:

connect(si,s4).
connect(s4,s1).
connect(s4,s5).
connect(s4,s7).
connect(s1,s2).
connect(s2,s3).
connect(s2,s5).
connect(s5,s6).
connect(s5,s8).
connect(s8,s9).
connect(s9,so).

第3章 用PROLOG求解趣味智力题

用事实表示迷宫地图后,便可设计走迷宫的算法。走迷宫算法的功能可以大致描述为:走迷宫操作go(A,B),表示找出从A点到B点的行走路径。具体的算法分成两步:

(1)给定一个起始点START和一个目标点的DES,执行go(START,DES)

(2)go(A,B):

1)如果A和B之间存在一条直接路径,则成功(返回),否则进入2)。

2)如果A和中间点M之间存在一条直接路径,并且能够找到一条由M通往B的直接(或间接)路径,则成功(找到一条路径)。

将上述算法翻译成下述2条规则。

```
go(A, B) :- connect(A, B).
go(A, B) :-
    connect(A, M),
    go(M, B).
```

为了找出从 S_i 到 S_o 的行走路径,可以执行询问

```
?- go(si,so).
```

【例3.5】 求解迷宫问题的完整程序如下:

```
connect(si,s4).
connect(s4,s1).
connect(s4,s5).
connect(s4,s7).
connect(s1,s2).
connect(s2,s3).
connect(s2,s5).
connect(s5,s6).
connect(s5,s8).
connect(s8,s9).
connect(s9,so).
go(A, B) :- connect(A, B).
go(A, B) :-
    connect(A, M),
    go(M, B).
?- go(si,so).
```

【运行结果】

true.

【说明】

递归是一种非常强大的功能。使用递归时,切记以下两个要点:

(1)递归必须能够前进。第一个子句确保该递归能够终止,因为这个子句不是递归的,即它没有对该谓词本身进行调用。

(2)递归必须能够终止。第二个子句是递归的,在第二个子句中,保证在进行递归调用之前,进行一些非递归的操作。也就是说,确保在问题求解过程中将不断取得一些进展。

【例3.6】 改进例3.5中的程序,显示每次选择的直接路径。

```
connect(si,s4).
```

```
connect(s4,s1).
connect(s4,s5).
connect(s4,s7).
connect(s1,s2).
connect(s2,s3).
connect(s2,s5).
connect(s5,s6).
connect(s5,s8).
connect(s8,s9).
connect(s9,so).
go(A,B):-
    connect(A,B),
    writef('选择路径 %w=>%w.\n',[A,B]).
go(A,B):-
    connect(A,M),
    writef('选择路径 %w=>%w.\n',[A,M]),
    go(M,B).
?-go(si,so).
```

【运行结果】

选择路径 si=>s4.
选择路径 s4=>s1.
选择路径 s1=>s2.
选择路径 s2=>s3.
选择路径 s2=>s5.
选择路径 s5=>s6.
选择路径 s5=>s8.
选择路径 s8=>s9.
选择路径 s9=>so.

【例3.7】 改进例3.6中的程序,在找到一条路径后,继续寻找其他路径。

```
connect(si,s4).
connect(s4,s1).
connect(s4,s5).
connect(s4,s7).
connect(s1,s2).
connect(s2,s3).
connect(s2,s5).
connect(s5,s6).
connect(s5,s8).
connect(s8,s9).
connect(s9,so).
go(A,B):-
```

```
        connect(A, B),
        writef('选择路径 %w=>%w.\n',[A, B]),
        fail.
go(A, B):-
        connect(A, M),
        writef('选择路径 %w=>%w.\n',[A, M]),
        go(M, B).
?- go(si,so).
```

【运行结果】

选择路径 si=>s4.
选择路径 s4=>s1.
选择路径 s1=>s2.
选择路径 s2=>s3.
选择路径 s2=>s5.
选择路径 s5=>s6.
选择路径 s5=>s8.
选择路径 s8=>s9.
选择路径 s9=>so.
选择路径 s9=>so.
选择路径 s4=>s5.
选择路径 s5=>s6.
选择路径 s5=>s8.
选择路径 s8=>s9.
选择路径 s9=>so.
选择路径 s9=>so.
选择路径 s4=>s7.
false.

【例 3.8】 改进例 3.7 中的程序,在找到一条路径后,停止寻找其他路径。

```
connect(si,s4).
connect(s4,s1).
connect(s4,s5).
connect(s4,s7).
connect(s1,s2).
connect(s2,s3).
connect(s2,s5).
connect(s5,s6).
connect(s5,s8).
connect(s8,s9).
connect(s9,so).
go(A, B):-
        connect(A, B),
        writef('选择路径 %w=>%w.\n',[A, B]),
        fail.
```

```
go(A，B):-
    connect(A，M),
    writef('选择路径 %w=>%w.\n',[A,M]),
    go(M，B),
    !.            %此处为"截断(cut)"谓词:"!"
?-go(si,s0).
```

【运行结果】

选择路径 si=>s4.
选择路径 s4=>s1.
选择路径 s1=>s2.
选择路径 s2=>s3.
选择路径 s2=>s5.
选择路径 s5=>s6.
选择路径 s5=>s8.
选择路径 s8=>s9.
选择路径 s9=>so.
false.

图 3-6 展示了使用"截断"和不使用"截断"之间的差异。

"截断"前的运行结果:	"截断"后的运行结果:
选择路径 si=>s4.	选择路径 si=>s4.
选择路径 s4=>s1.	选择路径 s4=>s1.
选择路径 s1=>s2.	选择路径 s1=>s2.
选择路径 s2=>s3.	选择路径 s2=>s3.
选择路径 s2=>s5.	选择路径 s2=>s5.
选择路径 s5=>s6.	选择路径 s5=>s6.
选择路径 s5=>s8.	选择路径 s5=>s8.
选择路径 s8=>s9.	选择路径 s8=>s9.
选择路径 s9=>so.	选择路径 s9=>so.
选择路径 s9=>so.	
选择路径 s4=>s5.	
选择路径 s5=>s6.	
选择路径 s5=>s8.	
选择路径 s8=>s9.	
选择路径 s9=>so.	
选择路径 s9=>so.	
选择路径 s4=>s7.	

图 3-6 "截断"的执行效果

【例 3.9】 改进例 3.6 中的程序,使其跟踪路径。

```
connect(si,s4).
connect(s4,s1).
connect(s4,s5).
```

```
connect(s4,s7).
connect(s1,s2).
connect(s2,s3).
connect(s2,s5).
connect(s5,s6).
connect(s5,s8).
connect(s8,s9).
connect(s9,so).
go(A, B):-
    connect(A, B),
    writef('选择路径 %w=>%w.\n',[A, B]).
go(A, B):-
    connect(A, M),
    go(M, B),
    writef('选择路径 %w=>%w.\n',[A, M]).
?- go(si, so).
```

【运行结果】

选择路径 s9=>so.
选择路径 s8=>s9.
选择路径 s5=>s8.
选择路径 s2=>s5.
选择路径 s1=>s2.
选择路径 s4=>s1.
选择路径 si=>s4.

【例 3.10】 在例 3.6 的基础上,用表[H|D]保存路径。

```
connect(si,s4).
connect(s4,s1).
connect(s4,s5).
connect(s4,s7).
connect(s1,s2).
connect(s2,s3).
connect(s2,s5).
connect(s5,s6).
connect(s5,s8).
connect(s8,s9).
connect(s9,so).
go(A,B,ROUTE):-
    connect(A,B),
    FinalRoute = [B|ROUTE],
    writef('选择路径：%w\n',[FinalRoute]).
go(A,B,ROUTE):-
    connect(A,M),
    go(M,B,[M|ROUTE]).
```

?-go(si,so,[si]).

【运行结果】
　　选择路径:[so,s9,s8,s5,s2,s1,s4,si]

【例 3.11】 在例 3.10 的基础上,反转路径。
```
connect(si,s4).
connect(s4,s1).
connect(s4,s5).
connect(s4,s7).
connect(s1,s2).
connect(s2,s3).
connect(s2,s5).
connect(s5,s6).
connect(s5,s8).
connect(s8,s9).
connect(s9,so).
go(A,B,ROUTE):-
    connect(A,B),
    FinalRoute1 = [B|ROUTE],
    reverse(FinalRoute1,FinalRoute),
    writef('选择路径:%w\n',[FinalRoute]).
go(A,B,ROUTE):-
    connect(A,M),
    go(M,B,[M|ROUTE]).
?-go(si,so,[si]).
```

【运行结果】
　　选择路径:[si,s4,s1,s2,s5,s8,s9,so]

3.3.3 知识小结

1. 递归程序设计

递归程序设计是 PROLOG 程序设计的基本原理之一。在 PROLOG 中若不采用递归,就不能解决复杂问题。有一些问题如不用递归则不好加以描述,例如:家庭关系数据库中的祖先、后代关系,阶乘的定义,对树的搜索、对表(特别是多层表)的处理和排序问题等。为了能描述这些很难用一般的定义来描述的关系,我们需要使用递归技术。

【例 3.12】 前辈与子孙后代关系。
```
parent(pam, bob).
parent(tom, bob).
parent(tom, liz).
parent(bob, ann).
parent(bob, pat).
parent(pat, jim).
predecessor(X, Z):- parent(X, Z).    %若 X 是 Z 的父母,则 X 是 Z 的前辈
```

predecessor(X，Z):- parent(X，Y)，predecessor(Y，Z).

%若 X 是 Y 的父母并且 Y 是 Z 的前辈,则 X 为 Z 的前辈

【说明】

如果不递归定义,而是一层一层地定义前辈和子孙后代关系,会有什么问题?

predecessor(X，Z):- parent (X，Z).　　%如 X 是 Z 的父母,则 X 是 Z 的前辈

presecessor (X，Z):- parent(X，Y)，parent(Y，Z) .

%如果 X 是 Y 的父母,,Y 是 Z 的父母,则 X 是 Z 的前辈

predecessor(X，Z):- parent(X，Y1)，parent(Y1，Y2)，parent(Y2，Z).

predecessor(X，Z):- parent(X，Y1)，parent(Y1,Y2)，parent(Y2,Y3)，parent(Y3，Z).

这种定义程序不仅长,而且有局限性,不知定义到什么深度才合适。如果定义深度不够,则有些询问会求解出错。由于采用了递归思想,上述两条规则定义不仅简单而且正确。仅此两条定义,不管询问多少代的子孙后代,都能正确求解和回答。

从逻辑上讲,递归算法具有数学归纳法的结构,是一种在描述问题的同时又包含自身同样问题的方法。从上面定义前辈(祖先)的规则来看,仅用两个句子就描述和代替了用很多句子可能还说明不了的问题。很容易从语义(逻辑上)和语法(控制过程)上判断这两条规则是正确的,当然用询问来查询数据库更能证明其正确性。由此可看出递归思想的优点:①它可以表示其他方法不便表示的算法;②比循环过程表示更简单语义更明确;③在表处理上(特别是深层表处理上)有广泛应用。

在使用递归时,切记两个要点:①递归必须能够前进。第一个子句确保该递归能够终止,因为这个子句不是递归的,即它没有对该谓词本身进行调用。②递归必须能够终止。第二个子句是递归的,在第二个子句中,保证在进行递归调用之前,更深一层地回退一个祖先步。也就是说,确保在问题求解过程中将不断取得一些进展。

2. 自动回溯机制

自动回溯是 PROLOG 的最基本机制之一,是 PROLOG 作为人工智能语言的一种特性,因为它解除了程序编制者设计回溯的负担。下面看看 PROLOG 的问题求解过程。

给 PROLOG 提出的问题(询问)总是一个或多个目标的合取条件序列。PROLOG 搜索合取条件的所有解的方法叫作"深度优先"回溯搜索。PROLOG 对目标的搜索是从左到右、对数据库的搜索是从上到下的方法被称为"深度优先"。这种深度优先加上自动回溯使得 PROLOG 能够搜索到所有满足条件的可能解。

向 PROLOG 提出一个或多个目标的询问后,PROLOG 不是采取从事实出发或采用规则来证实事实或推出这个解,而是采用相反顺序来寻找证明,即 PROLOG 不是从程序中给定的简单事实开始,而是从目标开始使用规则,用新目标代替当前目标,直到新目标恰好是一个简单事实。

从数学上对此种行为的解释是:PROLOG 把事实和规则当作一个公理集,把用户的问题当作一条猜想的定理来加以接受。然后试图证明这一定理,即证明这条定理逻辑上遵从哪些公理。

【例 3.13】 家庭关系。

parent(pam，bob).　　% pam 是 bob 的父母之一

parent(tom，bob).

```
parent(tom, liz).
parent(tom, mary).      % tom 有三个孩子:两个儿子,一个女儿
parent(bob, ann).
parent(bob, pat).       % bob 有两个孩子,即两个女儿
parent(pat, jim).       % pat 有一个儿子
female(pam).
female(mary).
female(ann).
female(pat).
male(tom).
male(bob).
male(liz).
male(jim).
predecessor(X, Z):- parent(X, Z).
predecessor(X, Z):- parent(X, Y), predecessor(Y, Z).
```

【运行结果】

```
? - predecessor(tom,pat).
? -
```

【说明】

PROLOG 将试图满足这一目标。它先搜索有关 predecessor 的事实或规则,看程序是否有可匹配的事实或规则头。因为数据库中没有如此事实,只有两个有关规则(pr1、pr2)的头可与之匹配。若匹配上,PROLOG 对事实或规则在数据库中的位置作标记,并记下变量约束值。PROLOG 先将原始目标 predecessor(tom,pat) 与 pr1 的头部匹配(即与 pr1 结论部分匹配),使得 pr1 的头部具体化为

predecessor(tom, pat)   % X=tom, Z=pat

由于 pr1 的头匹配导致了 pr1 的条件部分(规则体)成为新的目标,即将原始目标询问转换成对新目标 parent(tom,pat) 的求解。为了求解 parent(tom, pat) 又对数据库从头开始作搜索。由于数据库中没有一个事实或规则头能匹配这个新目标,所以这一目标失败了。现在 PROLOG 回溯到作了标记的回溯点,并释放原来的约束值(X=tom, Z=pat),求解目标又回到原始目标,并从标记后位置接着搜索,找到 pr2,又试用 pr2,同样与 pr2 的头部匹配上,使 pr2 的头变成

predecessor(tom,paat)   % X=tom, Z=pat,重新约束

此时原始目标被 pr2 的规则体(条件部分)中的两个目标的合取所代替,即

parent(tom, Y), predecessor(Y, pat).

此时这两个合取的目标成为新的求解目标,X、Z 已被具体化,而 Y 尚未被具体化(即 Y 尚未被约束)。接着,PROLOG 从左到右对此新合取目标进行求解。第一个目标 parent(tom, Y)匹配了数据库中第二个事实,并使 Y 具体化为 bob:

parent(tom, bob)   % Y=bob

PROLOG 转而对合取目标的第二个目标进行求解,此时由于第一个目标 Y=bob,第二个目标变量共享变成为如下目标:

predecessor (bob, pat)

为满足这个目标,pr1 再次被使用,这个目标与 pr1 的规则头匹配上,使 pr1 规则头具体化为

predecessor(bob, pat)   % X=bob, Z=pat

当前目标又被 pr1 的规则体中的 parent(bob, pat)(变量共享)所代替。为了新目标 parent(bob, pat),再次对数据库从头开始搜索。由于数据库中有这一事实(第三个事实),所以它立即被满足。至此,全部目标都被满足,原始目标亦被满足,因此 PROLOG 回答"YES"。

为了对这一问题的 PROLOG 的求解过程有个直观的印象,此处画出 PROLOG 对此问题的求解搜索过程示意图,如图 3-7 所示。

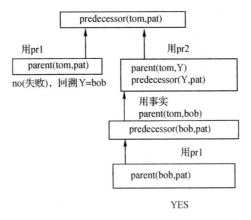

图 3-7 问题求解的搜索过程

如果用户的询问是由三个条件合取,即"?-C1,C2,C3",则 PROLOG 的自动回溯机制如图 3-8 所示,其中解 ij 为 C_i 的第 j 个解。

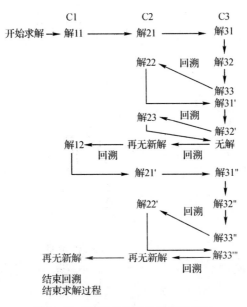

图 3-8 PROLOG 的自动回溯机制

当对目标进行求解时,PROLOG 对目标的搜索是从左到右,即先求解最左边一个目标,找到第一个目标的第一个解后,就中断对第一个目标的第二个解的求解,转而对第二个目标进行

求解。如果有第二个目标,在求得第二个目标的第一个解后,也中断对第二个目标的第二个解的求解,转而对第三个目标进行求解。对第三个目标求得第一个解后,若第三个目标是最后一个目标,则先不返回,接着求第三个目标的第二个解、第三个解;只有在穷尽了对第三个目标的解之后,才返回第二个目标求第二个目标的第二个解。求得第二个目标的第二个解后,又中断,转而再次对第三个目标求解。在穷尽了第三个目标的解后,又返回第二个目标,寻找第三个解……只有穷尽了第二个目标的所有解后,才返回第一个目标,求第一个目标的第二个解。待求得第一个目标的第二个解后,又中断对第一个目标的求解,转而对第二个、第三个目标求解,直到穷尽了第一个目标的所有解,求解过程才停止。

在对某个目标进行求解时,PROLOG对数据库自上而下的搜索会发生下列之一的情景:

(1)找到一个与目标相匹配的事实或规则的头部,对该事实或规则在数据库中的位置作出标记,并且记录由匹配所产生的自由变量的约束值。如果相匹配的是一个规则的头部,则必须把它的条件部分(规则体)的第一个目标进行求解。若这种求解成功,则试图满足该子目标右边的下一个子目标。

(2)在(1)中未找到相匹配的事实或规则头部,则试图满足的目标失败,这使得系统向左倒退一步(回溯),即试图重新满足这个失败目标的左边的相邻目标。

(3)当企图重新满足一个目标时,必须先将由于上次目标的成功而被约束的变量恢复成自由变量,而后继续对数据库进行搜索,但是搜索是从上一次成功所作的标记之后开始。这样,回溯的目标或者成功,导致以上的(1);或者失败,又导致以上的(2)发生,直到对满足询问而调用的第一个目标的回溯结束,也就是问题求解的结束。

3. 控制 PROLOG 的回溯过程

(1)使用失败(fail)控制回溯。PROLOG 中,一个谓词询问可能没有任何一个解。例如,考虑以下子句:

  parent(tom,rose).
  parent(john,rose).

执行询问:

  ? - parent(hans, X).

这个谓词调用将会失败(fail)。如果目标失败了,则说明知识库中不存在针对该目标的解。

在 PROLOG 中,有一个标准内置谓词 fail,目标 fail 永远失败。

【例 3.14】 利用 fail 构建循环。

  student(1,张三,90.2).
  student(2,李四,95.5).
  student(3,王五,96.4).
  print :-
    student(Number,Name,Score),
    writef('%w\t%w\t%w.\n', [Number,Name,Score]),
    fail.
  ? - print.

【运行结果】

  1 张三 90.2.

  2 李四 95.5.
  3 王五 96.4.

【说明】

  在此例中,先使用谓词 fail 引发回溯过程,再配合子目标 student(Number,Name,Score) 的 3 次合一运算,从而构造出 1 个类似于循环的执行过程。

  (2)使用"!"("截断"谓词)控制回溯。PROLOG 的自动回溯机制,既能求得满足条件的全部解,又能免除程序编制者设计回溯的负担。这是 PROLOG 优越的地方。但是在一些情况下,不加控制的回溯可能降低程序的效率,甚至这时回溯根本是多条的、不应该的。因此,有时需要控制或阻止回溯。在 PROLOG 中,可以用"!"来实现对回溯的控制。

  截断谓词"!"的语义:

  1)若将"!"插在子句体内作为一个子目标,它总是立即成功。

  2)若"!"位于子句体的最后,则它就阻止对它所在子句的头谓词的所有子句的回溯访问,而让回溯跳过该头谓词(子目标),去访问前一个子目标(如果有的话)。

  3)若"!"位于其他位置,则当其后发生回溯且回溯到"!"处时,就在此处失败,并且"!"还使它所在子句的头谓词(子目标)整个失败(即阻止再去访问头谓词的其余子句(如果有的话),即迫使系统直接回溯到该头谓词(子目标)的前一个子目标(如果有的话))。

  设有如下知识库:

    p(a).   %式(2-1)
    p(b).   %式(2-2)
    q(b).   %式(2-3)
    r(X):-p(X),q(X).   %式(2-4)
    r(c).

则对于目标 r(Y). 有一个解:Y=b。但是,当把式(2-4)改为 r(X):-p(X),!,q(X). 时却无解。

【例 3.15】 编写谓词 max(X,Y,Max)找出两个数 X,Y 中较大者 Max。

  max(X,Y,X):-X>=Y,!.
  max(X,Y,Y).
  ? - max(45,89,W).

【运行结果】

  ? - max(45,89,W).
  W = 89 ;
  false.

【说明】

  由题意要求,可定义下述两条规则:

    max(X Y,X) :-X>=Y.   % 当 X>=Y 时,取 X 为较大者
    max(X,Y,Y) :- X<Y.   % 当 X<Y 时,取 Y 为较大者

  实际上这两条规则是相互排斥的,如第一条规则成功,第二条规则必失败;如第一条失败,那么第二条必然成功:若 X>=Y,则 max=X,否则 max=Y。

  因此,以上的两条规则可加上阻止回溯的条件,将原定义改为如下定义:

    max(X,Y,X):-X>=Y,!.
    max(X,Y,Y).

第 4 章　用 PROLOG 实现状态空间搜索

人工智能所要解决的问题大部分不具备明确的解题步骤,只能利用已有的知识一步一步地摸索前进。从工程应用的角度,开发人工智能技术的一个主要目的就是解决难以用常规技术(数值计算、数据库应用等)直接解决的问题。这些问题的求解依赖于问题本身的描述和特定领域相关知识的应用。按照解决问题所需的领域特有知识的多寡,问题求解系统可以划分为两大类:知识贫乏系统和知识丰富系统。前者必须依靠搜索技术去解决问题,后者则求助于识别技术。识别技术是指通过基于领域知识的匹配检查去识别下一个问题的状态,而搜索技术则是指通过设计通用的生成器和评价器去生成后继问题状态并做出选择。

搜索是人工智能的一个基本问题,其实质就是根据问题的实际情况不断寻找可利用的知识,从而构造一条代价较小的推理路线,使问题得到解决的过程。在过去几十年中,人们对搜索技术展开了大量研究,取得了丰硕的成果。搜索技术已经渗透到各种人工智能系统中,在问题求解、专家系统、自然语言理解、模式识别、机器人学和信息检索等领域中都得到了广泛使用,可以说没有哪一种人工智能的应用不需要搜索技术。状态空间搜索法是一类经典的搜索算法,本章将通过几个例子介绍如何使用 PROLOG 实现状态空间搜索。

4.1　农夫过河问题

4.1.1　问题简介

一个农夫携带一只狼、一头山羊和一筐卷心菜,要从东岸过河到西岸。岸边有一条小船,只有农夫自己能划船,而且除了农夫以外,每次只能再带一样东西过河。在整个渡河过程中,无论什么情况,若农夫不在场,则不允许狼和山羊单独相处,否则山羊会遭殃;山羊也不得与卷心菜放在一起,否则山羊会吃卷心菜。请问,农夫如何才能把它们全部安全摆渡到西岸?

4.1.2　分析求解

农夫过河的过程可以用自然语言描述如下:
(1)农夫携带山羊过河,把狼和卷心菜留在东岸。
(2)农夫到达西岸,把山羊留在西岸,并独自回到东岸。
(3)农夫携带狼过河,把卷心菜留在东岸。
(4)农夫到达西岸,把狼留下,并带上山羊回到东岸。
(5)农夫把山羊留在东岸,携带卷心菜过河。

(6)农夫到达西岸,把卷心菜和狼留在西岸,独自回到东岸。

(7)农夫最后携带山羊过河,到达西岸。

问题就此解决。

用符号表示问题中涉及的对象:

F:代表农夫(farmer)

W:代表狼(wolf)

G:代表山羊(goat)

C:代表卷心菜(cabbage)

e:表示在东岸

w:表示在西岸

用 state(F,W,G,C) 表示 4 个对象的一个状态,可有 e 和 w 两个值。不同的状态可以由不同的渡河顺序来建立,由 state 谓词的不同参数值来表示(见图 4-1)。因农夫、狼、山羊和卷心菜都有 2 种状态,即在东岸和西岸,所以 4 个对象的总状态数为 $2 \times 2 \times 2 \times 2 = 16$ 种,按条件要求,有几种状态是不安全的(见表 4-1),因此只有 10 种可能状态。

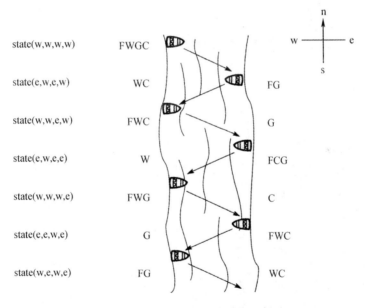

图 4-1 农夫过河问题的渡河示例

表 4-1 农夫过河问题的不安全状态

农夫和其他三个对象不在同一岸 (狼要吃山羊,山羊要吃卷心菜)	state(e,w,w,w):农夫在东岸,其他三个对象在西岸
	state(w,e,e,e):农夫在西岸,其他三个对象在东岸
山羊和卷心菜在同一岸 (山羊要吃卷心菜)	state(e,w,e,w):农夫和狼在东岸,山羊和卷心菜在西岸
	state(w,e,w,e):农夫和狼在西岸,山羊和卷心菜在东岸
狼和山羊在同一岸(狼要吃山羊)	state(e,w,w,e):农夫和卷心菜在东岸,狼和山羊在西岸
	state(w,e,e,w):农夫和卷心菜在西岸,狼和山羊在东岸

现在描述农夫过河问题的一般解。首先,不考虑不安全状态,图4-2描述了所有可能来回渡河的情况。因为农夫总要划船,没有必要表示船的位置。

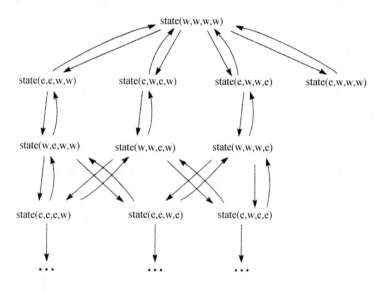

图4-2 农夫过河问题的部分状态空间图(包含不安全状态)

根据题意,在10种可能的安全状态里,只有4种是有可能的操作:
(1)农夫独自过河(包括从东岸到西岸和从西岸到东岸,下同)。
(2)农夫携带狼过河。
(3)农夫携带山羊过河。
(4)农夫携带卷心菜过河。

【例4.1】 农夫过河问题

```
%定义相反方向
opp(e, w).
opp(w, e).

%定义不安全的状态
unsafe(state(X, Y, Y, _)) :- opp(X, Y).
unsafe(state(X, _, Y, Y)) :- opp(X, Y).

%逆序打印表的元素
reverse_print_list([]).
reverse_print_list([H|D]):-
    reverse_print_list(D),
    writef('%w\n', [H]).

%定义过河规则
move(state(X, X, G, C), state(Y, Y, G, C)):-
```

第 4 章 用 PROLOG 实现状态空间搜索

```
        opp(X, Y),
            not(unsafe(state(Y, Y, G, C))),
writef('尝试农夫带狼过河。状态：%w %w %w %w\n', [Y, Y, G, C]).
move(state(X, W, X, C), state(Y, W, Y, C)):-
    opp(X, Y),
        not(unsafe(state(Y, W, Y, C))),
writef('尝试农夫带羊过河。状态：%w %w %w %w\n', [Y, W, Y, C]).
move(state(X, W, G, X), state(Y, W, G, Y)):-
    opp(X, Y),
        not(unsafe(state(Y, W, G, Y))),
writef('尝试农夫带菜过河。状态：%w %w %w %w\n', [Y, W, G, Y]).
move(state(X, W, G, C), state(Y, W, G, C)):-
    opp(X, Y),
        not(unsafe(state(Y, W, G, C))),
writef('尝试农夫单独过河。状态：%w %w %w %w\n', [Y, W, G, C]).

%定义渡河规则
goto(Goal, Goal, Been):-
writef('Solution Path is:\\n'),
reverse_print_list(Been).
goto(State, Goal, Been):-
        move(State, Next_state),
        not(member(Next_state, Been)),
goto(Next_state, Goal, [Next_state|Been]).


run:- goto(state(w, w, w, w), state(e, e, e, e), [state(w, w, w, w)]).


? - run.
```

【运行结果】

```
尝试农夫带羊过河。状态：e w e w
尝试农夫带羊过河。状态：w w w w
尝试农夫单独过河。状态：w w e w
尝试农夫带狼过河。状态：e e e w
尝试农夫带狼过河。状态：w e e w
尝试农夫带羊过河。状态：w e w w
尝试农夫带羊过河。状态：e e e w
尝试农夫带菜过河。状态：e e w e
尝试农夫带狼过河。状态：w w w e
尝试农夫带狼过河。状态：e e w e
尝试农夫带羊过河。状态：e w e e
尝试农夫带羊过河。状态：w w w e
尝试农夫带菜过河。状态：w w e w
尝试农夫带菜过河。状态：w e w w
```

尝试农夫单独过河。状态：w e w e
尝试农夫带羊过河。状态：e e e e
Solution Path is：
state(w,w,w,w)
state(e,w,e,w)
state(w,w,e,w)
state(e,e,e,w)
state(w,e,w,w)
state(e,e,w,e)
state(w,e,w,e)
state(e,e,e,e)

4.1.3　知识小结

状态空间搜索法是基于解答空间的问题表示和求解方法。它通过在某个可能的解空间内寻找可行解来求解问题，它是以状态和操作符为基础来表示和求解问题的。

状态空间搜索的基本思想：首先把问题的初始状态作为当前状态，选择适用的操作符对其进行操作，生成一组子状态（子节点）。然后检查目标状态是否在其中出现，若出现，则搜索成功，找到了问题的解；若不出现，则按某种搜索策略从已生成的状态中再选一个状态作为当前状态；重复上述过程，直到目标状态出现或者不再有可供操作的状态及操作符为止。

对某个问题或事实进行状态空间描述，必须考虑三个问题：
(1) 该状态描述方式，特别是初始状态描述。
(2) 操作符集合及对状态描述的作用。
(3) 目标状态描述的特性。

1. 状态

状态是问题在任一确定时刻的状况，它表征了问题特征和结构等。

状态一般用一组数据表示，在程序中用字符、数字、记录、数组、结构和对象等表示。

2. 操作符

操作符是能使问题状态改变的某种操作、规则、行为、变换、关系、函数、算子或过程等。

操作符也称为操作，问题的状态也只能经定义在其上的这种操作而改变。

在程序中状态转换规则可用数据对、条件语句、规则、函数和过程等表示。

3. 状态空间与状态空间图

一个问题的全体状态及其关系构成一个空间，称为状态空间。一个问题的状态空间是一个三元组 (S, F, G)。其中 S 是问题的初始状态集合，F 是问题的状态转换规则集合，G 是问题的目标状态集合。

状态空间图（也称为状态图）是状态空间的一种图形表示形式，是由节点及节点间的连线所构成的图。节点对应问题的具体状态，如初始状态、目标状态和中间状态。连线通常是有向线，称为弧线，对应状态转换操作。弧线具有方向性，箭头表示其转换方向，表示可从一种状态转换为另一种状态。问题的解就是从对应于初始状态的节点连接到一个对应于目标状态的节点间形成的路径。状态空间图常用于描述问题求解的过程。

【例 4.2】 钱币翻转问题

设有三枚钱币,开始时,朝上的一面是"正、正、正"状态,若规定每次只能翻动一枚钱币,操作中不能出现相同状态,怎样才能得到"反、反、反"的状态?

【分析】

定义问题的状态和操作,具体如下:

(1)状态:描述某类事物在不同时刻所处的信息状况。

   初始状态   中间状态   目标状态
   (正、正、正)   ……   (反、反、反)

(2)操作:由一个状态变化到另一状态的办法(翻转)。

          ⎧ a:将第一个钱币翻转一次
   翻钱币有 ⎨ b:将第二个钱币翻转一次
   三种操作 ⎩ c:将第三个钱币翻转一次

设正面为 0,反面为 1,有状态:(0,0,0)(0,0,1)(0,1,0)(0,1,1)(1,0,0)(1,0,1)(1,1,0)(1,1,1)。

钱币翻转问题的状态空间的两种表示形式:

(1)三元状态表示:

    < {(0,0,0)}, {a,b,c}, {(1,1,1)} >

其中,{(0,0,0)}是初始状态,{a,b,c}是全体操作,{(1,1,1)}是目标状态

(2)状态空间图表示,如图 4-3 所示。

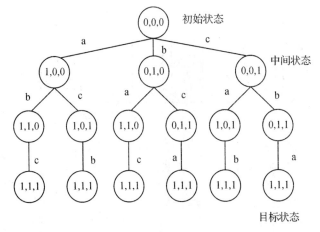

图 4-3 钱币翻转问题的状态空间图

【例 4.3】 梵塔问题

传说在印度的贝那勒斯的圣庙中,主神梵天做了一个由 64 个大小不同的金盘组成的"梵塔",并把它穿在一个宝石杆上。另外,旁边再插上两个宝石杆。然后,他要求僧侣们把穿在第一个宝石杆上的 64 个金盘全部搬到第 3 个宝石杆上。搬动金盘的规则是:一次只能搬一个;不允许将较大的盘子放在较小的盘子上。于是,梵天预言:一旦 64 个盘子都搬到了 3 号杆上,世界将在一声霹雳中毁灭。请分别用元组和状态空间图来表示二阶梵塔问题的状态空间。

【分析】

盘子的搬动次数：$2^{64}-1=18\ 446\ 744\ 073\ 709\ 551\ 615$

考虑二阶梵塔问题：设有三根宝石杆，在1号杆上穿有A、B两个金盘，A小于B，A位于B的上面。用二元组(SA, SB)表示问题的状态，SA表示金盘A所在的杆号，SB表示金盘B所在的杆号，这样，全部可能的状态有9种（见图4-4），可表示如下：

(1，1)，(1，2)，(1，3)

(2，1)，(2，2)，(2，3)

(3，1)，(3，2)，(3，3)

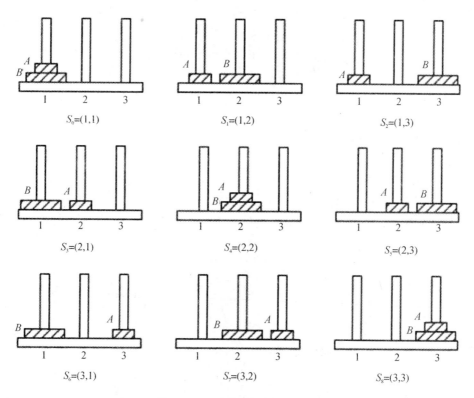

图4-4 二阶梵塔问题的9种状态

这里的状态转换规则就是金盘的搬动规则，分别用$A(i, j)$及$B(i, j)$表示：$A(i, j)$表示把A盘从第i号杆移到第j号杆上；$B(i, j)$表示把B盘从第i号杆移到第j号杆上。经分析，共有12个操作，它们分别是：

$A(1,2)$， $A(1,3)$， $A(2,1)$， $A(2,3)$， $A(3,1)$， $A(3,2)$

$B(1,2)$， $B(1,3)$， $B(2,1)$， $B(2,3)$， $B(3,1)$， $B(3,2)$

规则的具体形式应是：

　　　　IF〈条件〉THEN　$A(i, j)$

　　　　IF〈条件〉THEN　$B(i, j)$

这样由题意，问题的初始状态为(1，1)，目标状态为(3，3)，则二阶梵塔问题可用状态图表示为

({(1, 1)}, {$A(1,2)$, …, $B(3,2)$}, {(3, 3)})

由这 9 种可能的状态和 12 种操作，二阶梵塔问题的状态空间图如图 4-5 所示。

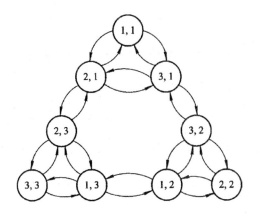

图 4-5 二阶梵塔状态空间图

4.2 牧师和野人过河问题

4.2.1 问题简介

在河的一边有三个野人、三个牧师和一条船，所有牧师和野人都要过河，然而由于一些限制，问题变复杂：①牧师和野人都会划船，但船一次最多只能载两人。因此，每次摆渡，船所能载的人只可能是五种情况之一：一个牧师，一个野人，两个牧师，两个野人，一个牧师和一个野人。②如果在河的任何一边，野人人数超过牧师人数，野人就要吃掉牧师。

因此，为了确保安全，牧师必须设计一个划船计划（假定野人能服从任何一次过河安排）以保证全部牧师都能安全过河，而没有一个被野人吃掉。

4.2.2 分析求解

开始状态为右岸有三个野人和三个牧师，左岸的牧师与野人数都为 0,（若船在右岸记为 r,若在左岸则记为 l）这样可用一个 5 元有序组 (0,0,3,3,r) 来表示过河的开始状态。由此可见，状态是描述事物处在特定时刻所具有的特征的一组量的有序集合，其中每个量称为状态的状态分量。上面的状态有五个状态分量。两个状态只要有一个对应分量不一样，就是不同的状态。将上述状态抽象为一般形式：

s(YL,CL,YR,CR,B)

那么，如何判断一个状态是否是安全的（即不会发生野人吃掉牧师的情况）呢？可以按下述方式定义谓词 unsafe：

unsafe(s(YL,CL,YR,CR,B)) :- CL>0, YL>CL.

为求解这类问题，首先需选择一种状态表示法，给出问题的初始状态和目标状态。其次确定可行的操作（也称算子，例如可行的摆渡），其中每一个操作把问题从一个状态改变为另一状态。最后用某种策略找出一系列的操作。经过这些操作，把初始状态最终转换成目标状态。

利用五元有序组的状态表示法描述解此问题的过程是,在选择了状态表示法并给出了问题的初始状态和目标状态后,下一步是确定可行的操作。根据题意和所选用的状态表示法,共有 10 种操作可以选择,它们是:

(1)一个野人从左岸到右岸;

(2)一个野人从右岸到左岸;

(3)两个野人从左岸到右岸;

(4)两个野人从右岸到左岸;

(5)一个牧师从左岸到右岸;

(6)一个牧师从右岸到左岸;

(7)两个牧师从左岸到右岸;

(8)两个牧师从右岸到左岸;

(9)牧师野人从左岸到右岸;

(10)牧师野人从右岸到左岸。

用 PROLOG 规则表示操作:

move(操作名,当前状态,操作后的状态)

例如:"一个野人从左岸到右岸"可表示为

move(一个野人从左岸到右岸, s(YL1,CL,YR1,CR,l), e(YL2,CL,YR2,CR,r)):-

 YL1 >= 1,

 YL2 is YL1-1,

 YR2 is YR1 + 1.

最后是设法用一种策略来找出一系列的操作完成从初始状态到目标状态的转换。这里采用的策略是:从初始状态出发,在 10 个可能的操作中(依次)取一个操作,若可行则执行这一操作,改变状态。然后在新的状态基础上再从 10 个可能的操作中依次取一个操作试验,如此下去。若所选操作不可行,则换取下一个操作再试。若 10 个操作均不成功,再退回到上一层状态取下一个操作重新试验。

实现搜索的谓词 play:

play(当前状态,目标状态,操作历史记录)

play 的算法描述:

(1)若由当前状态能够执行某个操作 P 并产生一个新状态,该新状态是安全的,且就是目标状态,则将 P 和操作历史记录合并作为最终答案返回(递归的边界条件)。

(2)若由当前状态能够执行某个操作 P 并产生一个新状态,该新状态是安全的,且不是目标状态,则将新状态作为新的当前状态,递归调用 play。

【例 4.4】 牧师和野人过河问题

```
%逆序打印操作序列
reverse_print_step([]).
reverse_print_step([step(Action, State)|D]):-
    reverse_print_step(D),
    writef('执行操作:%w ;当前状态:%w\n', [Action, State]).

%定义不安全的状态
```

unsafe(s(YL,CL,YR,CR,B)):- CL>0, YL>CL.
unsafe(s(YL,CL,YR,CR,B)):- CR>0, YR>CR.
%定义过河规则
move(一个野人从左岸到右岸,s(YL1,CL,YR1,CR,左岸),s(YL2,CL,YR2,CR,右岸)):-
    YL1 >= 1,
    YL2 is YL1 - 1,
    YR2 is YR1 + 1.
move(一个野人从右岸到左岸,s(YL1,CL,YR1,CR,右岸),s(YL2,CL,YR2,CR,左岸)):-
    YR1 >= 1,
    YR2 is YR1 - 1,
    YL2 is YL1 + 1.
move(两个野人从左岸到右岸,s(YL1,CL,YR1,CR,左岸),s(YL2,CL,YR2,CR,右岸)):-
    YL1 >= 2,
    YL2 is YL1 - 2,
    YR2 is YR1 + 2.
move(两个野人从右岸到左岸,s(YL1,CL,YR1,CR,右岸),s(YL2,CL,YR2,CR,左岸)):-
    YR1 >= 2,
    YR2 is YR1 - 2,
    YL2 is YL1 + 2.
move(一个牧师从左岸到右岸,s(YL,CL1,YR,CR1,左岸),s(YL,CL2,YR,CR2,右岸)):-
    CL1 >= 1,
    CL2 is CL1 - 1,
    CR2 is CR1 + 1.
move(一个牧师从右岸到左岸,s(YL,CL1,YR,CR1,右岸),s(YL,CL2,YR,CR2,左岸)):-
    CR1 >= 1,
    CR2 is CR1 - 1,
    CL2 is CL1 + 1.
move(两个牧师从左岸到右岸,s(YL,CL1,YR,CR1,左岸),s(YL,CL2,YR,CR2,右岸)):-
    CL1 >= 2,
    CL2 is CL1 - 2,
    CR2 is CR1 + 2.
move(两个牧师从右岸到左岸,s(YL,CL1,YR,CR1,右岸),s(YL,CL2,YR,CR2,左岸)):-
    CR1 >= 2,
    CR2 is CR1 - 2,
    CL2 is CL1 + 2.
move(牧师野人从左岸到右岸,s(YL1,CL1,YR1,CR1,左岸),s(YL2,CL2,YR2,CR2,右岸)):-
    YL1 >= 1,
    CL1 >= 1,
    YL2 is YL1 - 1,
    YR2 is YR1 + 1,
    CL2 is CL1 - 1,
    CR2 is CR1 + 1.
move(牧师野人从右岸到左岸,s(YL1,CL1,YR1,CR1,右岸),s(YL2,CL2,YR2,CR2,左岸)):-

```
            YR1 >= 1,
            CR1 >= 1,
            YR2 is YR1 - 1,
            YL2 is YL1 + 1,
            CR2 is CR1 - 1,
            CL2 is CL1 + 1.
    %定义过河谓词
    play(Goal, Goal, Been):-
        writef('Solution Path is:\n'),
        reverse_print_step(Been).
    play(State, Goal, Been):-
            move(Action, State, New_state),
            not(unsafe(New_state)),
            not(member(step(_,New_state), Been)),
            play(New_state, Goal, [step(Action, New_state) | Been]).

    run:- play(s(0,0,3,3,右岸),s(3,3,0,0,左岸),[step(起点出发, s(0,0,3,3,右岸))]).

    ?- run.
```

【运行结果】

Solution Path is:

执行操作:起点出发；当前状态:s(0,0,3,3,右岸)

执行操作:两个野人从右岸到左岸；当前状态:s(2,0,1,3,左岸)

执行操作:一个野人从左岸到右岸；当前状态:s(1,0,2,3,右岸)

执行操作:两个野人从右岸到左岸；当前状态:s(3,0,0,3,左岸)

执行操作:一个野人从左岸到右岸；当前状态:s(2,0,1,3,右岸)

执行操作:两个牧师从右岸到左岸；当前状态:s(2,2,1,1,左岸)

执行操作:牧师野人从左岸到右岸；当前状态:s(1,1,2,2,右岸)

执行操作:两个牧师从右岸到左岸；当前状态:s(1,3,2,0,左岸)

执行操作:一个野人从左岸到右岸；当前状态:s(0,3,3,0,右岸)

执行操作:两个野人从右岸到左岸；当前状态:s(2,3,1,0,左岸)

执行操作:一个野人从左岸到右岸；当前状态:s(1,3,2,0,右岸)

执行操作:两个野人从右岸到左岸；当前状态:s(3,3,0,0,左岸)

4.3 八数码问题

4.3.1 问题简介

在3×3的九宫棋盘上摆放8个棋子,棋子分别标上1~8中的一个数码。棋盘中留有一个空格,只允许周边的棋子移到空格上,这样一步一步地移动棋子就可以不断改变棋子的布局。

八数码问题的要求:给定任意一个初始布局(初始棋局或称初始状态)和希望得到的最终

布局(目标棋局或称目标状态),试问怎么移动棋子才能达到目标状态。假如,给出如图4-6所示的问题,应当怎样求解呢?

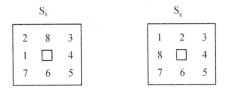

图4-6 八数码问题的初始状态和目标状态

4.3.2 表示问题的状态

八数码问题的状态就是棋局,任何一个棋局都可以看成三行三列的一个数阵,数阵中的元素是0,1,2,…,8这9个数字之一(这里用0代表空格),因此就用三行三列的数阵来表示棋子的布局既简单又直观,这样工作内存就可规定为如图4-7所示的数阵形式。

$$S_0 \quad \begin{pmatrix} C_{11} & C_{12} & C_{13} \\ C_{21} & C_{22} & C_{23} \\ C_{31} & C_{32} & C_{33} \end{pmatrix}$$

图4-7 将棋局看成一个3行3列的数阵

其中,元素C_{ij}中i代表该元素处在数阵的第i行,j代表该元素处在数阵的第j列。$C_{11} \sim C_{33}$两两互不相同,只能取0~8中的一个数,每一个具体的数阵代表一个棋局或一个状态。

八数码问题共有9!=362 880个状态。

可以定义一个PROLOG结构,如qj(C11,C12,C13,C21,C22,C23,C31,C32,C33),用来表示问题的一个状态:

$$\begin{pmatrix} C_{11} & C_{12} & C_{13} \\ C_{21} & C_{22} & C_{23} \\ C_{31} & C_{32} & C_{33} \end{pmatrix} \leftrightarrow qj(C11, C12, C13, C21, C22, C23, C31, C32, C33)$$

例如,状态S_0表示为qj(2, 8, 3, 1, 0, 4, 7, 6, 5)。

$S_0 \leftrightarrow S_0 = qj(2,8,3,1,0,4,7,6,5).$

定义一个谓词print_qj,用于打印一个指定的棋局,程序代码如下:

print_qj(qj(C11,C12,C13,C21,C22,C23,C31,C32,C33)) :-
    writef('%w %w %w\n%w %w %w\n%w %w %w\n\n',
        [C11,C12,C13,C21,C22,C23,C31,C32,C33]).

在此基础上,定义一个谓词print_path,用于打印一个搜索路径(多个棋局),程序代码如下:

print_path([H|D]) :- print_qj(H), print_path(D).

4.3.3 表示问题的操作符

八数码问题的产生式规则必须是能够表达对棋子进行操作并使状态发生变化这一过程的知识，这就要根据棋规把这种知识总结出来再表示成"若……则……"的形式。

根据棋规能有多少种走步的规则呢？

由于下棋过程中空格可能处在九宫格中任何一个位置，即 $C_{11}=0$ 或 $C_{12}=0$ 或 $C_{33}=0$……，所以空格所在位置就是前提条件。

例如，根据"若 $C_{11}=0$（即左上角是空格），则有两步棋可走，或 C_{12} 向左移，或 C_{21} 向上移。"可以写出两条走步规则，并且知道执行后的新状态：①"若 $C_{11}=0$，则 $C_{11} \leftarrow C_{12}$，$C_{12} \leftarrow 0$（即与交换）"，其中符号←表示它右面的数替换左面的数，这条规则称为"C_{12} 左移"规则，只有当前提条件 $C_{11}=0$ 时才能使用。②"若 $C_{11}=0$，则 $C_{11} \leftarrow C_{21}$，$C_{21} \leftarrow 0$"，这条规则称"C_{21} 上移"规则。

对八数码问题，按上面的分析和归纳，可以建立起 24 条产生式规则，其中：①空格在四角位置有 8 条；②空格在中心有 4 条；③空格在其余 4 个位置有 12 条。

下面将产生式规则翻译成 PROLOG 程序，例如，"若 $C_{11}=0$，则 $C_{11} \leftarrow C_{12}$，$C_{12} \leftarrow 0$"可写成程序：

step(qj(0,C12,C13,C21,C22,C23,C31,C32,C33), qj(C12,0,C13,C21,C22,C23,C31,C32,C33)).

等价于

step(qj(0,C12,C13,C21,C22,C23,C31,C32,C33), N) :- N = qj(C12,0,C13,C21,C22,C23,C31,C32,C33).

24 条产生式规则翻译成如下 PROLOG 程序：

step(qj(0,C12,C13,C21,C22,C23,C31,C32,C33),qj(C12,0,C13,C21,C22,C23,C31,C32,C33)).
step(qj(0,C12,C13,C21,C22,C23,C31,C32,C33),qj(C21,C12,C13,0,C22,C23,C31,C32,C33)).
step(qj(C11,C12,0,C21,C22,C23,C31,C32,C33),qj(C11,0,C12,C21,C22,C23,C31,C32,C33)).
step(qj(C11,C12,0,C21,C22,C23,C31,C32,C33),qj(C11,C12,C23,C21,C22,0,C31,C32,C33)).
step(qj(C11,C12,C13,C21,C22,C23,0,C32,C33),qj(C11,C12,C13,0,C22,C23,C21,C32,C33)).
step(qj(C11,C12,C13,C21,C22,C23,0,C32,C33),qj(C11,C12,C13,C21,C22,C23,C32,0,C33)).
step(qj(C11,C12,C13,C21,C22,C23,C31,C32,0),qj(C11,C12,C13,C21,C22,0,C31,C32,C23)).
step(qj(C11,C12,C13,C21,C22,C23,C31,C32,0),qj(C11,C12,C13,C21,C22,C23,C31,0,C32)).
step(qj(C11,C12,C13,C21,0,C23,C31,C32,C33),qj(C11,0,C13,C21,C12,C23,C31,C32,C33)).
step(qj(C11,C12,C13,C21,0,C23,C31,C32,C33),qj(C11,C12,C13,0,C21,C23,C31,C32,C33)).
step(qj(C11,C12,C13,C21,0,C23,C31,C32,C33),qj(C11,C12,C13,C21,C23,0,C31,C32,C33)).
step(qj(C11,C12,C13,C21,0,C23,C31,C32,C33),qj(C11,C12,C13,C21,C32,C23,C31,0,C33)).
step(qj(C11,0,C13,C21,C22,C23,C31,C32,C33),qj(0,C11,C13,C21,C22,C23,C31,C32,C33)).
step(qj(C11,0,C13,C21,C22,C23,C31,C32,C33),qj(C11,C13,0,C21,C22,C23,C31,C32,C33)).
step(qj(C11,0,C13,C21,C22,C23,C31,C32,C33),qj(C11,C22,C13,C21,0,C23,C31,C32,C33)).
step(qj(C11,C12,C13,0,C22,C23,C31,C32,C33),qj(0,C12,C13,C11,C22,C23,C31,C32,C33)).
step(qj(C11,C12,C13,0,C22,C23,C31,C32,C33),qj(C11,C12,C13,C22,0,C23,C31,C32,C33)).
step(qj(C11,C12,C13,0,C22,C23,C31,C32,C33),qj(C11,C12,C13,C31,C22,C23,0,C32,C33)).
step(qj(C11,C12,C13,C21,C22,0,C31,C32,C33),qj(C11,C12,0,C21,C22,C13,C31,C32,C33)).
step(qj(C11,C12,C13,C21,C22,0,C31,C32,C33),qj(C11,C12,C13,C21,0,C22,C31,C32,C33)).

step(qj(C11,C12,C13,C21,C22,0,C31,C32,C33),qj(C11,C12,C13,C21,C22,C33,C31,C32,0)).
step(qj(C11,C12,C13,C21,C22,C23,C31,0,C33),qj(C11,C12,C13,C21,0,C23,C31,C22,C33)).
step(qj(C11,C12,C13,C21,C22,C23,C31,0,C33),qj(C11,C12,C13,C21,C22,C23,0,C31,C33)).
step(qj(C11,C12,C13,C21,C22,C23,C31,0,C33),qj(C11,C12,C13,C21,C22,C23,C31,C33,0)).

一般从不同角度考虑问题,知识是可能有多种表示的。对八数码问题,如果变换一下棋规走步的说法,不是去移动棋子,而想象成去移动空格,其效果是等同的。如果按照空格移动来考虑问题,便会发现规则集合的表示会大为简化。只有4种走法,即空格向左移、空格向上移、空格向右移、空格向下移,问题就变成移动空格(只限移到相邻位置)实现从初始状态到目标状态的转化。例如,空格向左这条规则,只有空格在第二列或第三列上才能使用,空格在第一列时,向左移就出界了,这是不允许的。4条规则可以表示如下:

(1)空格向左:若空格所在列号>1,则 C_{kz} ←0, 0 ← C_{kz}。
(2)空格向右:若空格所在列号<3,则 C_{ky} ←0, 0 ← C_{ky}。
(3)空格向上:若空格所在行号>1,则 C_{ks} ←0, 0 ← C_{ks}。
(4)空格向下:若空格所在行号<3,则 C_{kx} ←0, 0 ← C_{kx}。

其中:C_{kz} 表示空格左邻的数码;C_{ky} 表示空格右邻的数码;C_{ke} 表示空格上方的数码;C_{kx} 表示空格下方的数码。

4.3.4 搜索策略

搜索策略的首要任务是考虑如何从操作符集合中选取操作符并作用于当前状态,一般要用算法的形式来表示。搜索策略一般分为盲目搜索和启发式搜索两大类。

盲目搜索又称无信息搜索或穷举式搜索,只按照预先规定的搜索控制策略进行搜索,而没有任何中间信息来改变这些控制策略。由于盲目搜索总是按先规定的路线进行,没有考虑问题本身的特殊性,所以效率不高,不便于复杂问题的求解。盲目搜索有两类具体的实现算法,分别是宽度优先搜索法和深度优先搜索法。

启发式搜索法是指在控制性知识中增加关于被解问题和相应任务的某些特性,利用启发性信息来确定节点的生成、扩展和搜索顺序,指导搜索朝着最有希望的方向前进的一类搜索方法。

图4-8所示为八数码问题典型的搜索空间示意图。

可以用 PROLOG 的表来表示状态搜索空间。

搜索路径举例:

[qj(1,2,3,8,0,4,7,6,5), qj(1,2,3,0,8,4,7,6,5), qj(0,2,3,1,8,4,7,6,5), qj(2,0,3,1,8,4,7,6,5), qj(2,8,3,1,0,4,7,6,5)]

搜索空间举例:

[[…], […], […],
[qj(8,3,0,2,1,4,7,6,5), qj(8,0,3,2,1,4,7,6,5), qj(0,8,3,2,1,4,7,6,5), qj(2,8,3,0,1,4,7,6,5), qj(2,8,3,1,0,4,7,6,5)],
[qj(1,2,3,8,0,4,7,6,5), qj(1,2,3,0,8,4,7,6,5), qj(0,2,3,1,8,4,7,6,5), qj(2,0,3,1,8,4,7,6,5), qj(2,8,3,1,0,4,7,6,5)],
…]

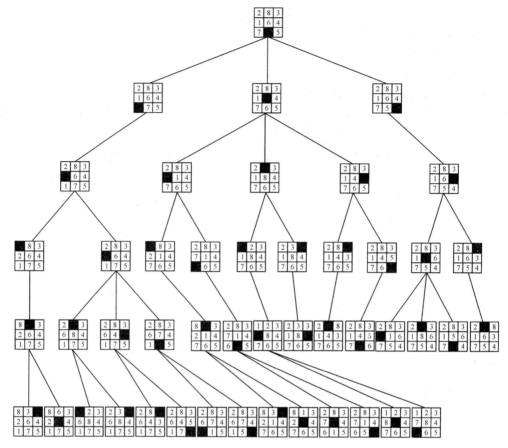

图4-8 八数码问题典型的搜索空间

4.3.5 宽度优先搜索法

宽度优先搜索法又称广度优先搜索法。利用宽度优先搜索法求解八数码问题,搜索图如图4-9所示。

宽度优先搜索法的基本思想:①从初始节点 S_0 开始,逐层对节点进行扩展并考察它是否是目标节点。②在第 n 层节点没有全部扩展并考察之前,不对第 $n+1$ 层节点扩展。③Space表中的搜索路径总是按先后顺序排列,先进入的搜索路径排在前面,后进入的搜索路径排在后面。

【宽度优先搜索法的算法】

算法步骤如下:

(1)由初始节点 S_0 组成初始的搜索空间[[S0]]。

(2)若搜索空间 Space 为空,则结束搜索,退出。

(3)若搜索空间 Space 的当前路径[H|D]包含目标节点 Dest,则搜索成功,返回 Path 作为答案。

(4)取搜索空间 Space 的当前路径[H|D],扩展 H 生成一组子节点 ExtendPaths 并放入搜索空间尾部,形成新的搜索空间 NewEpace;若 H 不可扩展则生成空集[ ],转步骤(2)。

第 4 章 用 PROLOG 实现状态空间搜索

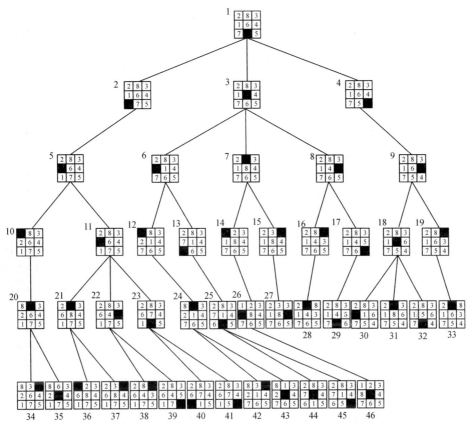

图 4-9 宽度优先搜索法解决八数码问题的搜索空间

图 4-10 是宽度优先搜索法的算法流程。

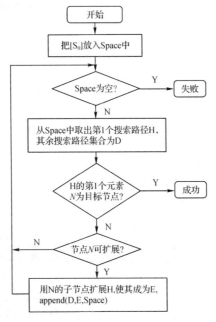

图 4-10 宽度优先搜索法的算法流程

用 PROLOG 对上述算法加以实现,因为采用宽度优先搜索,所以谓词命名为 width_first/3,第 1 个参数是当前的搜索空间,第 2 个参数是目标状态,第 3 个参数是找到的一条包含目标状态的路径。例 4.5 介绍了上述宽度优先搜索算法的 PROLOG 语言实现代码。

【例 4.5】

step(qj(0,C12,C13,C21,C22,C23,C31,C32,C33),qj(C12,0,C13,C21,C22,C23,C31,C32,C33)).
step(qj(0,C12,C13,C21,C22,C23,C31,C32,C33),qj(C21,C12,C13,0,C22,C23,C31,C32,C33)).
step(qj(C11,C12,0,C21,C22,C23,C31,C32,C33),qj(C11,0,C12,C21,C22,C23,C31,C32,C33)).
step(qj(C11,C12,0,C21,C22,C23,C31,C32,C33),qj(C11,C12,C23,C21,C22,0,C31,C32,C33)).
step(qj(C11,C12,C13,C21,C22,C23,0,C32,C33),qj(C11,C12,C13,0,C22,C23,C21,C32,C33)).
step(qj(C11,C12,C13,C21,C22,C23,0,C32,C33),qj(C11,C12,C13,C21,C22,C23,C32,0,C33)).
step(qj(C11,C12,C13,C21,C22,C23,C31,C32,0),qj(C11,C12,C13,C21,C22,0,C31,C32,C23)).
step(qj(C11,C12,C13,C21,C22,C23,C31,C32,0),qj(C11,C12,C13,C21,C22,C23,C31,0,C32)).
step(qj(C11,C12,C13,C21,0,C23,C31,C32,C33),qj(C11,0,C13,C21,C12,C23,C31,C32,C33)).
step(qj(C11,C12,C13,C21,0,C23,C31,C32,C33),qj(C11,C12,C13,0,C21,C23,C31,C32,C33)).
step(qj(C11,C12,C13,C21,0,C23,C31,C32,C33),qj(C11,C12,C13,C21,C23,0,C31,C32,C33)).
step(qj(C11,C12,C13,C21,0,C23,C31,C32,C33),qj(C11,C12,C13,C21,C32,C23,C31,0,C33)).
step(qj(C11,0,C13,C21,C22,C23,C31,C32,C33),qj(0,C11,C13,C21,C22,C23,C31,C32,C33)).
step(qj(C11,0,C13,C21,C22,C23,C31,C32,C33),qj(C11,C13,0,C21,C22,C23,C31,C32,C33)).
step(qj(C11,0,C13,C21,C22,C23,C31,C32,C33),qj(C11,C22,C13,C21,0,C23,C31,C32,C33)).
step(qj(C11,C12,C13,0,C22,C23,C31,C32,C33),qj(0,C12,C13,C11,C22,C23,C31,C32,C33)).
step(qj(C11,C12,C13,0,C22,C23,C31,C32,C33),qj(C11,C12,C13,C22,0,C23,C31,C32,C33)).
step(qj(C11,C12,C13,0,C22,C23,C31,C32,C33),qj(C11,C12,C13,C31,C22,C23,0,C32,C33)).
step(qj(C11,C12,C13,C21,C22,0,C31,C32,C33),qj(C11,C12,0,C21,C22,C13,C31,C32,C33)).
step(qj(C11,C12,C13,C21,C22,0,C31,C32,C33),qj(C11,C12,C13,C21,0,C22,C31,C32,C33)).
step(qj(C11,C12,C13,C21,C22,0,C31,C32,C33),qj(C11,C12,C13,C21,C22,C33,C31,C32,0)).
step(qj(C11,C12,C13,C21,C22,C23,C31,0,C33),qj(C11,C12,C13,C21,0,C23,C31,C22,C33)).
step(qj(C11,C12,C13,C21,C22,C23,C31,0,C33),qj(C11,C12,C13,C21,C22,C23,0,C31,C33)).
step(qj(C11,C12,C13,C21,C22,C23,C31,0,C33),qj(C11,C12,C13,C21,C22,C23,C31,C33,0)).

width_first([],_,[]):- !.
width_first([[Dest|Tail]|_], Dest, [Dest|Tail]).
width_first([[H|D]|OtherPaths],Dest,Path):-
    findall([New,H|D], (step(H,New),not(member(New,D))), ExtendPaths),
        append(OtherPaths, ExtendPaths, NewSpace),
    width_first(NewSpace, Dest, Path).

执行下面的询问,搜索从初始棋局 qj(2,8,3,1,6,4,7,0,5) 到目标棋局 qj(8,6,3,2,0,4,1,7,5) 的搜索路径:

? - width_first([[qj(2,8,3,1,6,4,7,0,5)]], qj(8,6,3,2,0,4,1,7,5), Path).

【运行结果】

Path = [qj(8, 6, 3, 2, 0, 4, 1, 7, 5), qj(8, 0, 3, 2, 6, 4, 1, 7, 5), qj(0, 8, 3, 2, 6, 4, 1, 7, 5), qj(2, 8, 3, 0, 6, 4, 1, 7, 5), qj(2, 8, 3, 1, 6, 4, 0, 7, 5), qj(2, 8, 3, 1, 6, 4, 7, 0, 5)]

……

4.3.6 深度优先搜索法

与宽度优先搜索的逐层搜索有所不同,深度优先搜索中,搜索树是从树根开始一枝一枝逐渐生成的,后生成的节点先扩展。利用深度优先搜索法(深度界限为5)对八数码问题进行求解,状态图如图4-11所示。

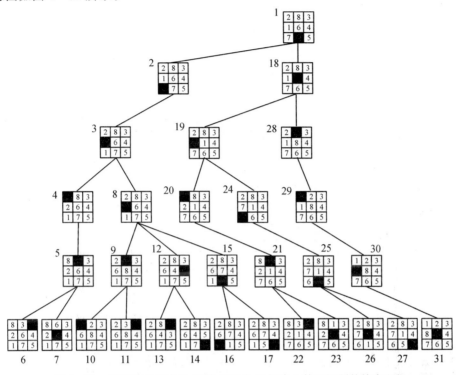

图4-11 深度优先搜索法(深度界限为5)解决八数码问题的搜索空间

深度优先搜索法的基本思想:①从初始节点 S_0 开始,在其子节点中选择一个节点进行考察,若不是目标节点,则在该子节点中选择一个进行考察,如果可以扩展,则扩展该子节点,依次向下搜索。②在搜索树的每一层始终先只扩展一个节点,如此向下搜索,直到某个节点既不是目标节点又不能继续扩展时,才从当前节点返回上一级节点,沿另一方向进行。③深度优先搜索与宽度优先搜索的惟一区别是搜索路径在 Space 表中的排列顺序不同,宽度优先搜索是把最新生成的搜索路径放在 Space 表的尾部,而深度优先搜索则把最新生成的搜索路径放在 Space 表的首部。仅此区别就使得搜索路线完全不一样。

【深度优先搜索法的算法】

算法步骤如下:

(1)由初始节点 S_0 组成初始的搜索空间 [[S0]]。

(2)若搜索空间 Space 为空,则结束搜索,退出。

(3)若搜索空间 Space 的当前路径[H|D]包含目标节点 Dest,则搜索成功,返回 Path 作为答案。

(4)取搜索空间 Space 的当前路径[H|D],扩展 H 生成一组子节点 ExtendPaths 并放入搜索空间首部,形成新的搜索空间 NewSpace;若 H 不可扩展则生成空集[ ],转步骤(2)。

图 4-12 是深度优先搜索法的算法流程。

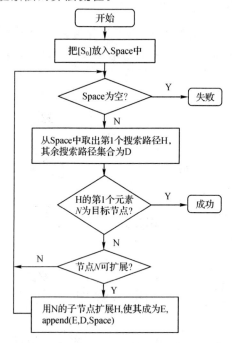

图 4-12　深度优先搜索法的算法流程

用 PROLOG 对上述算法加以实现,因为采用深度优先搜索,所以谓词命名为 depth_first/3,第 1 个参数是当前的搜索空间,第 2 个参数是目标状态,第 3 个参数是找到的一条包含目标状态的路径。

例 4.6 介绍了上述深度优先搜索算法的 PROLOG 语言实现代码。

【例 4.6】

step(qj(0,C12,C13,C21,C22,C23,C31,C32,C33),qj(C12,0,C13,C21,C22,C23,C31,C32,C33)).
step(qj(0,C12,C13,C21,C22,C23,C31,C32,C33),qj(C21,C12,C13,0,C22,C23,C31,C32,C33)).
step(qj(C11,C12,0,C21,C22,C23,C31,C32,C33),qj(C11,0,C12,C21,C22,C23,C31,C32,C33)).
step(qj(C11,C12,0,C21,C22,C23,C31,C32,C33),qj(C11,C12,C23,C21,C22,0,C31,C32,C33)).
step(qj(C11,C12,C13,C21,C22,C23,0,C32,C33),qj(C11,C12,C13,0,C22,C23,C21,C32,C33)).
step(qj(C11,C12,C13,C21,C22,C23,0,C32,C33),qj(C11,C12,C13,C21,C22,C23,C32,0,C33)).
step(qj(C11,C12,C13,C21,C22,C23,C31,C32,0),qj(C11,C12,C13,C21,C22,0,C31,C32,C23)).
step(qj(C11,C12,C13,C21,C22,C23,C31,C32,0),qj(C11,C12,C13,C21,C22,C23,C31,0,C32)).
step(qj(C11,C12,C13,C21,0,C23,C31,C32,C33),qj(C11,0,C13,C21,C12,C23,C31,C32,C33)).
step(qj(C11,C12,C13,C21,0,C23,C31,C32,C33),qj(C11,C12,C13,0,C21,C23,C31,C32,C33)).
step(qj(C11,C12,C13,C21,0,C23,C31,C32,C33),qj(C11,C12,C13,C21,C23,0,C31,C32,C33)).
step(qj(C11,C12,C13,C21,0,C23,C31,C32,C33),qj(C11,C12,C13,C21,C32,C23,C31,0,C33)).
step(qj(C11,0,C13,C21,C22,C23,C31,C32,C33),qj(0,C11,C13,C21,C22,C23,C31,C32,C33)).
step(qj(C11,0,C13,C21,C22,C23,C31,C32,C33),qj(C11,C13,0,C21,C22,C23,C31,C32,C33)).
step(qj(C11,0,C13,C21,C22,C23,C31,C32,C33),qj(C11,C22,C13,C21,0,C23,C31,C32,C33)).
step(qj(C11,C12,C13,0,C22,C23,C31,C32,C33),qj(0,C12,C13,C11,C22,C23,C31,C32,C33)).
step(qj(C11,C12,C13,0,C22,C23,C31,C32,C33),qj(C11,C12,C13,C22,0,C23,C31,C32,C33)).

step(qj(C11,C12,C13,0,C22,C23,C31,C32,C33),qj(C11,C12,C13,C31,C22,C23,0,C32,C33)).
step(qj(C11,C12,C13,C21,C22,0,C31,C32,C33),qj(C11,C12,0,C21,C22,C13,C31,C32,C33)).
step(qj(C11,C12,C13,C21,C22,0,C31,C32,C33),qj(C11,C12,C13,C21,0,C22,C31,C32,C33)).
step(qj(C11,C12,C13,C21,C22,0,C31,C32,C33),qj(C11,C12,C13,C21,C22,C33,C31,C32,0)).
step(qj(C11,C12,C13,C21,C22,C23,C31,0,C33),qj(C11,C12,C13,C21,0,C23,C31,C22,C33)).
step(qj(C11,C12,C13,C21,C22,C23,C31,0,C33),qj(C11,C12,C13,C21,C22,C23,0,C31,C33)).
step(qj(C11,C12,C13,C21,C22,C23,C31,0,C33),qj(C11,C12,C13,C21,C22,C23,C31,C33,0)).

depth_first([],_,[]):- !.
depth_first([[Dest|Tail]|_], Dest, [Dest|Tail]).
depth_first([[H|D]|OtherPaths],Dest,Path):-
    findall([New,H|D], (step(H,New),not(member(New,D))), ExtendPaths),
    append(ExtendPaths, OtherPaths, NewSpace),
    depth_first(NewSpace, Dest, Path).

? - depth_first ([[qj(2,8,3,1,6,4,7,0,5)]], qj(8,6,3,2,0,4,1,7,5), Path).

【运行结果】

Path = [qj(8, 6, 3, 2, 0, 4, 1, 7, 5), qj(8, 6, 3, 0, 2, 4, 1, 7, 5), qj(0, 6, 3, 8, 2, 4, 1, 7, 5), qj(6, 0, 3, 8, 2, 4, 1, 7, 5), qj(6, 2, 3, 8, 0, 4, 1, 7, 5), qj(6, 2, 3, 0, 8, 4, 1, 7, 5), qj(0, 2, 3, 6, 8, 4, 1, 7, 5), qj(2, 0, 3, 6, 8, 4, 1, 7, 5), qj(…, …, …, …, …, …, …, …, …)|…]

4.3.7 启发式搜索策略

宽度优先搜索法和深度优先搜索法的主要差别是 Space 表中待扩展节点的顺序问题。盲目搜索的效率低，耗费过多搜索时间。人们试图找到一种方法用于排列待扩展节点的顺序，即选择最有希望的节点加以扩展，搜索效率将会大为提高。启发式搜索就是基于这种想法，它是深度优先的改进。搜索时不是任取一个分支，而是根据一些启发式信息，选择最佳一个或几个分支往下搜索。

1. 启发式搜索的概念

进行搜索技术一般需要某些有关具体问题领域的特性的信息，此种信息叫作启发信息。把利用启发信息的搜索方法叫作启发式搜索法。启发式搜索法是指在控制性知识中增加关于被解问题和相应任务的某些特性，利用启发性信息来确定节点的生成、扩展和搜索顺序，指导搜索朝着最有希望的方向前进的一类搜索方法。假设初始状态、状态转换规则集合和目标状态的定义都是完全确定的，然后决定一个搜索空间。因此，问题就在于如何有效地搜索这个给定空间。

2. 启发式搜索的特点

(1) 大多是深度优先搜索的改进，即尽量沿着最有希望的路径，向深度方向小范围前进。

(2) 在有多条路可走时，会给出该走哪条路径的建议，从而指导搜索过程朝最有利的方向前进。

(3) 利用问题求解的先验知识，尽快找到问题的解。

(4) 可采用估值的方法进行搜索指导。

(5)生成的状态空间小、搜索时间短且效率高、控制性好,易于使问题得到解决。

3. 启发信息的分类

启发信息按其用途可分为以下 3 种:

(1)用于决定要扩展的下一个节点,以免像在宽度优先或深度优先搜索中那样盲目地扩展。

(2)在扩展一个节点的过程中,用于决定要生成哪一个或哪几个后继节点,以免盲目地同时生成所有可能的节点。

(3)用于决定某些应该从搜索树中抛弃或修剪的节点。

本节只讨论利用上述第一种启发信息的状态空间搜索算法,即决定哪个是下一步要扩展的节点。这种搜索总是选择"最有希望"的节点作为下一个被扩展的节点,这种搜索叫作有序搜索(ordered search)。

4. 启发式搜索的算法

启发式搜索算法有很多种,如局部择优搜索、全局择优搜索等。图 4-13 所示为全局择优的启发式搜索流程。在八数码问题(实际上有 9 个数字 0~8)中,设初始状态 S_0 = qj(2,8,3,1,6,4,7,0,5),目标状态 S_g = qj(1,2,3,8,0,4,7,6,5),如图 4-14 所示。

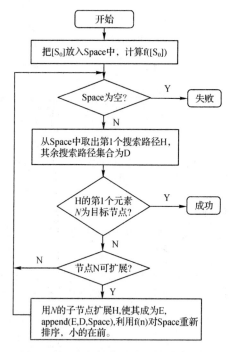

图 4-13 全局择优的启发式搜索流程

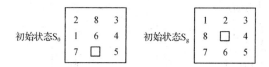

图 4-14 启发式搜索法的算法流程

第 4 章 用 PROLOG 实现状态空间搜索

定义启发式函数 $f1(S_n)$，自变量 S_n 为某一状态，$f1(S_n)=N$ 表示棋局中有 N 个数字的位置不正确，$f1(S_n)=0$ 表示达到目标。用 PROLOG 实现启发式函数时，可定义谓词 $f1(A,B,N)$，表示棋局 A 和棋局 B 中有 N 个数字的位置不一致。同时，定义谓词 $checkAB(A,B,N)$，比较 A 和 B 是否相同，若相同则 N 为 0，否则为 1。

程序代码如下：

```
checkAB(A, A, 0) :- !.
checkAB(_, _, 1).
f1(qj(C11,C12,C13,C21,C22,C23,C31,C32,C33),qj(D11,D12,D13,D21,D22,D23,D31,D32,D33),N) :-
    checkAB(C11, D11, N1),
    checkAB(C12, D12, N2),
    checkAB(C13, D13, N3),
    checkAB(C21, D21, N4),
    checkAB(C22, D22, N5),
    checkAB(C23, D23, N6),
    checkAB(C31, D31, N7),
    checkAB(C32, D32, N8),
    checkAB(C33, D33, N9),
    N is N1+N2+N3+N4+N5+N6+N7+N8+N9.
```

利用该启发式函数，对搜索过程中产生的状态进行估值，如图 4-15 所示。

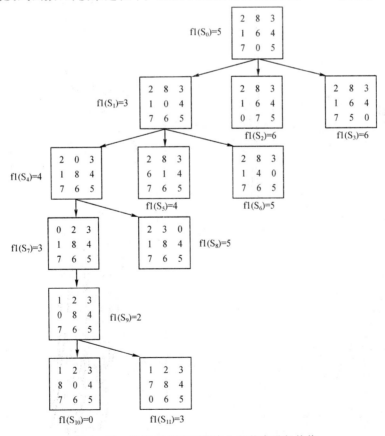

图 4-15 用 f1 对搜索过程产生的状态进行估值

用 PROLOG 对上述算法加以实现,因为采用启发式搜索,所以谓词命名为 heuristic /3,第 1 个参数是当前的搜索空间,第 2 个参数是目标状态,第 3 个参数是找到的一条包含目标状态的路径。与 depth_first/3 不同之处是其搜索空间中的每一条搜索路径用格式"估值-棋局列表"表示,"棋局列表"的含义和 depth_first/3 相同,"估值"表示对"棋局列表"中第一个棋局的估值。例 4.7 介绍了上述启发式搜索算法的 PROLOG 语言实现代码。

【例 4.7】

```
step(qj(0,C12,C13,C21,C22,C23,C31,C32,C33),qj(C12,0,C13,C21,C22,C23,C31,C32,C33)).
step(qj(0,C12,C13,C21,C22,C23,C31,C32,C33),qj(C21,C12,C13,0,C22,C23,C31,C32,C33)).
step(qj(C11,C12,0,C21,C22,C23,C31,C32,C33),qj(C11,0,C12,C21,C22,C23,C31,C32,C33)).
step(qj(C11,C12,0,C21,C22,C23,C31,C32,C33),qj(C11,C12,C23,C21,C22,0,C31,C32,C33)).
step(qj(C11,C12,C13,C21,C22,C23,0,C32,C33),qj(C11,C12,C13,0,C22,C23,C21,C32,C33)).
step(qj(C11,C12,C13,C21,C22,C23,0,C32,C33),qj(C11,C12,C13,C21,C22,C23,C32,0,C33)).
step(qj(C11,C12,C13,C21,C22,C23,C31,C32,0),qj(C11,C12,C13,C21,C22,0,C31,C32,C23)).
step(qj(C11,C12,C13,C21,C22,C23,C31,C32,0),qj(C11,C12,C13,C21,C22,C23,C31,0,C32)).
step(qj(C11,C12,C13,C21,0,C23,C31,C32,C33),qj(C11,0,C13,C21,C12,C23,C31,C32,C33)).
step(qj(C11,C12,C13,C21,0,C23,C31,C32,C33),qj(C11,C12,C13,0,C21,C23,C31,C32,C33)).
step(qj(C11,C12,C13,C21,0,C23,C31,C32,C33),qj(C11,C12,C13,C21,C23,0,C31,C32,C33)).
step(qj(C11,C12,C13,C21,0,C23,C31,C32,C33),qj(C11,C12,C13,C21,C23,C31,0,C32,C33)).
step(qj(C11,0,C13,C21,C22,C23,C31,C32,C33),qj(0,C11,C13,C21,C22,C23,C31,C32,C33)).
step(qj(C11,0,C13,C21,C22,C23,C31,C32,C33),qj(C11,C13,0,C21,C22,C23,C31,C32,C33)).
step(qj(C11,0,C13,C21,C22,C23,C31,C32,C33),qj(C11,C22,C13,C21,0,C23,C31,C32,C33)).
step(qj(C11,C12,C13,0,C22,C23,C31,C32,C33),qj(0,C12,C13,C11,C22,C23,C31,C32,C33)).
step(qj(C11,C12,C13,0,C22,C23,C31,C32,C33),qj(C11,C12,C13,C22,0,C23,C31,C32,C33)).
step(qj(C11,C12,C13,0,C22,C23,C31,C32,C33),qj(C11,C12,C13,C31,C22,C23,0,C32,C33)).
step(qj(C11,C12,C13,C21,C22,0,C31,C32,C33),qj(C11,C12,0,C21,C22,C13,C31,C32,C33)).
step(qj(C11,C12,C13,C21,C22,0,C31,C32,C33),qj(C11,C12,C13,C21,0,C22,C31,C32,C33)).
step(qj(C11,C12,C13,C21,C22,0,C31,C32,C33),qj(C11,C12,C13,C21,C22,C33,C31,C32,0)).
step(qj(C11,C12,C13,C21,C22,C23,C31,0,C33),qj(C11,C12,C13,C21,0,C23,C31,C22,C33)).
step(qj(C11,C12,C13,C21,C22,C23,C31,0,C33),qj(C11,C12,C13,C21,C22,C23,0,C31,C33)).
step(qj(C11,C12,C13,C21,C22,C23,C31,0,C33),qj(C11,C12,C13,C21,C22,C23,C31,C33,0)).

print_path([H|D]) :- print_qj(H), print_path(D).
print_qj(qj(C11,C12,C13,C21,C22,C23,C31,C32,C33)) :-
    writef('%w  %w  %w\n%w  %w  %w\n%w  %w  %w\n\n',
        [C11,C12,C13,C21,C22,C23,C31,C32,C33]).

checkAB(A, A, 0) :- !.
checkAB(_, _, 1).
f1(qj(C11,C12,C13,C21,C22,C23,C31,C32,C33),qj(D11,D12,D13,D21,D22,D23,D31,D32,D33),N) :-
    checkAB(C11, D11, N1),
    checkAB(C12, D12, N2),
    checkAB(C13, D13, N3),
```

```
        checkAB(C21,D21,N4),
        checkAB(C22,D22,N5),
        checkAB(C23,D23,N6),
        checkAB(C31,D31,N7),
        checkAB(C32,D32,N8),
        checkAB(C33,D33,N9),
        N is N1+N2+N3+N4+N5+N6+N7+N8+N9.
heuristic(V-[],_,[]):- !.
    heuristic([V-[Dest|Tail]|_],Dest,[Dest|Tail]):-!.
    heuristic([V-[H|D]|OtherPaths],Dest,Path):-
findall(V_New-[New,H|D],(step(H,New),not(member(New,D)),f1(New,Dest,V_New)),Extend-
Paths),
        append(ExtendPaths,OtherPaths,NewSpace1),
        keysort(NewSpace1,NewSpace2),
        heuristic(NewSpace2,Dest,Path).
run:-
        S=qj(2,8,3,1,0,4,7,6,5),  D=qj(1,2,3,8,0,4,7,6,5),
        f1(S,D,V),
    heuristic([V-[S]],D,P1),
        reverse(P1,P2),
        write('找到一个解答,如下:\n'),
print_path(P2).
?-run.
```

【运行结果】

找到一个解答,如下:
2 8 3
1 0 4
7 6 5

2 0 3
1 8 4
7 6 5

0 2 3
1 8 4
7 6 5

1 2 3
0 8 4
7 6 5

1 2 3
8 0 4

7 6 5

false.

5. 估值函数

前文介绍的启发式函数 $f1(S_n)$ 只对当前的单一个状态进行估值。然而,有时候一个状态处于最佳估值,并不意味着该状态所代表的路径也是最佳路径。因此,我们可以定义一个新的函数 $f(n)$,用来评估节点重要性的函数,称为估值函数,该函数考虑了已经实际付出的代价。定义如下:

$$f(n)=g(n)+h(n)$$

其中:$g(n)$ 是从初始节点 S_0 到节点 n 的已经实际付出的代价;$h(n)$ 是从节点 n 到目标节点 S_g 的最优路径的估计代价。

在八数码问题中,可以设估值函数为 $f(n)=g(n)+h(n)$,其中 $g(n)$ 表示节点 n 的搜索深度,$h(n)$ 表示节点 n 与目标节点两个棋局之间位置不相同的棋子数。利用 $f(n)$ 对搜索过程中产生的状态进行估值,如图 4-16 所示。其中,每个节点左边的数字表示其估值,①②③④节点形成的搜索路径,是采用估值函数后的实际搜索路径。可见,搜索过程有了很大的优化。

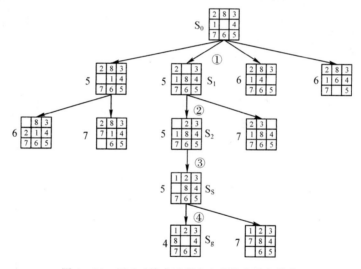

图 4-16 用 f 对搜索过程产生的状态进行估值

用 PROLOG 对上述估值函数,定义谓词命名为 f/3,第 1 个参数是一条搜索路径,第 2 个参数是目标状态,第 3 个参数对路径的估值。定义谓词 heuristic2 用于实现本节的估值方法,它和 heuristic/3 一样,搜索空间中的每一条搜索路径用格式"估值-棋局列表"表示,"估值"表示对整个"棋局列表"的估值。例 4.8 介绍了上述使用估值函数的状态空间搜索算法的 PROLOG 语言实现代码。

【例 4.8】

```
step(qj(0,C12,C13,C21,C22,C23,C31,C32,C33),qj(C12,0,C13,C21,C22,C23,C31,C32,C33)).
step(qj(0,C12,C13,C21,C22,C23,C31,C32,C33),qj(C21,C12,C13,0,C22,C23,C31,C32,C33)).
step(qj(C11,C12,0,C21,C22,C23,C31,C32,C33),qj(C11,0,C12,C21,C22,C23,C31,C32,C33)).
step(qj(C11,C12,0,C21,C22,C23,C31,C32,C33),qj(C11,C12,C23,C21,C22,0,C31,C32,C33)).
```

第4章 用PROLOG实现状态空间搜索

step(qj(C11,C12,C13,C21,C22,C23,0,C32,C33),qj(C11,C12,C13,0,C22,C23,C21,C32,C33)).
step(qj(C11,C12,C13,C21,C22,C23,0,C32,C33),qj(C11,C12,C13,C21,C22,C23,C32,0,C33)).
step(qj(C11,C12,C13,C21,C22,C23,C31,C32,0),qj(C11,C12,C13,C21,C22,0,C31,C32,C23)).
step(qj(C11,C12,C13,C21,C22,C23,C31,C32,0),qj(C11,C12,C13,C21,C22,C23,C31,0,C32)).
step(qj(C11,C12,C13,C21,0,C23,C31,C32,C33),qj(C11,0,C13,C21,C12,C23,C31,C32,C33)).
step(qj(C11,C12,C13,C21,0,C23,C31,C32,C33),qj(C11,C12,C13,0,C21,C23,C31,C32,C33)).
step(qj(C11,C12,C13,C21,0,C23,C31,C32,C33),qj(C11,C12,C13,C21,C23,0,C31,C32,C33)).
step(qj(C11,C12,C13,C21,0,C23,C31,C32,C33),qj(C11,C12,C13,C21,C32,C23,C31,0,C33)).
step(qj(C11,0,C13,C21,C22,C23,C31,C32,C33),qj(0,C11,C13,C21,C22,C23,C31,C32,C33)).
step(qj(C11,0,C13,C21,C22,C23,C31,C32,C33),qj(C11,C13,0,C21,C22,C23,C31,C32,C33)).
step(qj(C11,0,C13,C21,C22,C23,C31,C32,C33),qj(C11,C22,C13,C21,0,C23,C31,C32,C33)).
step(qj(C11,C12,C13,0,C22,C23,C31,C32,C33),qj(0,C12,C13,C11,C22,C23,C31,C32,C33)).
step(qj(C11,C12,C13,0,C22,C23,C31,C32,C33),qj(C11,C12,C13,C22,0,C23,C31,C32,C33)).
step(qj(C11,C12,C13,0,C22,C23,C31,C32,C33),qj(C11,C12,C13,C31,C22,C23,0,C32,C33)).
step(qj(C11,C12,C13,C21,C22,0,C31,C32,C33),qj(C11,C12,0,C21,C22,C13,C31,C32,C33)).
step(qj(C11,C12,C13,C21,C22,0,C31,C32,C33),qj(C11,C12,C13,C21,0,C22,C31,C32,C33)).
step(qj(C11,C12,C13,C21,C22,0,C31,C32,C33),qj(C11,C12,C13,C21,C22,C33,C31,C32,0)).
step(qj(C11,C12,C13,C21,C22,C23,C31,0,C33),qj(C11,C12,C13,C21,0,C23,C31,C22,C33)).
step(qj(C11,C12,C13,C21,C22,C23,C31,0,C33),qj(C11,C12,C13,C21,C22,C23,0,C31,C33)).
step(qj(C11,C12,C13,C21,C22,C23,C31,0,C33),qj(C11,C12,C13,C21,C22,C23,C31,C33,0)).

print_path([H|D]) :- print_qj(H), print_path(D).
print_qj(qj(C11,C12,C13,C21,C22,C23,C31,C32,C33)) :-
    writef('%w %w %w\n%w %w %w\n%w %w %w\n\n',
        [C11,C12,C13,C21,C22,C23,C31,C32,C33]).

checkAB(A, A, 0) :- !.
checkAB(_, _, 1).
f1(qj(C11,C12,C13,C21,C22,C23,C31,C32,C33),qj(D11,D12,D13,D21,D22,D23,D31,D32,D33),
N) :-
    checkAB(C11, D11, N1),
    checkAB(C12, D12, N2),
    checkAB(C13, D13, N3),
    checkAB(C21, D21, N4),
    checkAB(C22, D22, N5),
    checkAB(C23, D23, N6),
    checkAB(C31, D31, N7),
    checkAB(C32, D32, N8),
    checkAB(C33, D33, N9),
    N is N1+N2+N3+N4+N5+N6+N7+N8+N9.
f([QJ1|Tail],QJ2,N) :-   /*新的估值函数*/
    length([QJ1|Tail], Length),
    G = Length - 1,   %节点 QJ1 的搜索深度

    f1(QJ1,QJ2,H)，   %节点 QJ1 与目标节点两个棋局之间位置不相同的棋子数
    N is G + H.
heuristic2(V-[],_,[]):-!.
heuristic2([V-[Dest|Tail]|_],Dest,[Dest|Tail]):-!.
heuristic2([V-[H|D]|OtherPaths],Dest,Path):-
    findall(V_New -[New,H|D],(step(H,New),not(member(New,D)),f([New,H|D],Dest,V_New)),
        ExtendPaths),
    append(ExtendPaths,OtherPaths,NewSpace1),
    keysort(NewSpace1,NewSpace2),
    heuristic2(NewSpace2,Dest,Path).
run:-
    S=qj(2,8,3,1,0,4,7,6,5),
    D=qj(1,2,3,8,0,4,7,6,5),
    f([S],D,V),
    heuristic2([V-[S]],D,P1),
    reverse(P1,P2),
    write('找到一个解答,如下:\n'),
    print_path(P2).

【运行结果】

找到一个解答,如下:
    2 8 3
    1 0 4
    7 6 5

    2 0 3
    1 8 4
    7 6 5

    0 2 3
    1 8 4
    7 6 5

    1 2 3
    0 8 4
    7 6 5

    1 2 3
    8 0 4
    7 6 5

    false.

第5章 用 PROLOG 实现约束逻辑编程

约束逻辑编程(Constraint Logic Programming,CLP)是逻辑编程范式的一种扩充形式，在这种编程范式中，变量之间的"关系"是以"约束"的形式描述的。

因为人工智能领域中有许多问题(如组合优化、资源分配、事务安排等)可以用约束逻辑编程来解决，并且约束逻辑编程在求解这些问题时有不凡的表现，所以约束逻辑编程得到了迅速发展。PROLOG 拥有特殊的语言机制，使得 PROLOG 能够无缝地融合到约束逻辑编程中。所有广泛使用的 PROLOG 系统都附带有几个库或内置谓词用于约束求解，包括 clp(fd)、clp(b)、clp(q)和 clp(r)，其中 clp(fd)用于整数变量的约束求解，clp(b)用于布尔数变量的约束求解，clp(q)用于有理数变量的约束求解，clp(r)用于浮点数变量的约束求解。

5.1 声明性整数算术

5.1.1 受约束的变量

对于一个变量 X，可能不知道它确切的值，但是可以知道它的值是一组可能值中的一个，那么称该变量是一个受约束的变量，而这一组可能值为该变量的域(domain)。例如，可能只知道变量 X 的值大于其他变量 Y 或者 Z 变量的值，而也不知道该变量确切的值，这时便说变量 X 是受约束的。当开始积累约束条件时，就能够对约束进行推理。假设有两个变量 X 和 Y，它们是整数。现在假设 X 的范围是 0 到 10，并且 Y 在 4～8 的范围内，并且 X 大于 Y。则可以推断出 X 在 5～10 的较窄范围内，因为 Y 可以具有的最小值是 4，并且 X 必须比 Y 大 1。

5.1.2 约束条件

clp(fd)程序模块提供了一些内置谓词，这些谓词允许通过纯声明性方式对整数进行推理。

最重要的 clp(fd)约束是对整数的算术约束(#=)/2，(#<)/2，(#>)/2 和(#\=)/2，其中：

(1)"A #= B"表示了"A 等于 B"这一约束关系；

(2)"A #< B"表示了"A 小于 B"这一约束关系；

(3)"A #> B"表示了"A 大于 B"这一约束关系；

(4)"A #\= B"表示了"A 不等于 B"这一约束关系。

在上述举例中,A 和 B 是算术表达式,表达式是归纳定义的:
(1)变量 A 是一个算术表达式;
(2)一个整数是一个算术表达式;
(3)如果 X 和 Y 均为算术表达式,那么 X+Y,X-Y 和 X * Y 也均为算术表达式。
还有其他一些算术表达式的情况,以及其他类别的约束,比如组合约束。

5.1.3　评估整数表达式

clp(fd)约束的最基本用途是评估整数表达式(整数的算术表达式),即对表达式进行求值。要对表达式求值,使用谓词(#=)/2 表示整数上算术表达式的相等关系。

【例 5.1】
?- X #= 5 + 3.

【运行结果】
X = 8.

【说明】

在推理整数时,相等是最重要的谓词之一。正如这些示例所示,(#=)/2 是一个纯粹的关系,可以在所有方向上使用,其参数的组成部分仍然是变量。

【例 5.2】
?- 2 #= X + 9.

【运行结果】
X = -7.

【例 5.3】
?- 1 #= 1 + Y.

【运行结果】
Y = 0.

【例 5.4】　列表的长度 list_length:
list_length([], 0).
list_length([_|Ls], Length) :-
　　　　Length #= Length0 + 1,
　　　　list_length(Ls, Length0).

【说明】

谓词 list_length 的文字表述可以清楚地说明 list_length 这个关系的含义:
(1)空列表的长度为 0。
(2)如果列表 LS 是列表[_|Ls]的表尾,且 Length0 是列表 LS 的长度,且 Length 的值为 Length0 + 1,那么列表[_|LS]的长度是 Length。

【运行结果】

(1)?- list_length([a,b,c,d], Length).
运行结果:
Length = 4.

(2)?- list_length(Ls, Length).

运行结果：
  Ls = [], Length = 0
; Ls = [_A], Length = 1
; Ls = [_A,_B], Length = 2
; Ls = [_A,_B,_C], Length = 3
; …

(3) ?- list_length(Ls, 3).
运行结果：
  Ls = [_A,_B,_C]
; …

(4) ?- list_length(Ls, 3), false.
运行结果：
Nontermination

【例 5.5】 list_length 的替代解决方案：
list_length(Ls, L) :- list_length_(Ls, 0, L).
list_length_([], L, L).
list_length_([_|Ls], L0, L) :-
        L1 #= L0 + 1,
        list_length_(Ls, L1, L).

【说明】
本例中，为了避免约束的累积，引入了显式的累加器。该累加器位于谓词的第二个参数。

5.1.4 对变量取值范围的约束

通常可以对整数进行更一般的推理。例如，我们希望把一个变量 V 的取值范围约束在 0～2 之间的整数，可以使用约束(in)/2 来表示：
?- V in 0..2.
V in 0..2.
如果设置了其他目标，PROLOG 系统则会自动为变量 V 指定允许的整数取值范围，将这个取值范围称为关联域。同时，PROLOG 系统会阻止将变量 V 与不在关联域的整数进行统一：

【例 5.6】
?- V in 0..2, V #= 3.
【运行结果】
false.

【例 5.7】
?- V in 0..2, V #= 1.
【运行结果】
V = 1.

【例 5.8】
?- X in 0..2, Y in 0..2.
【运行结果】
X in 0..2,
Y in 0..2.
【说明】
在本例中,两个变量 X 和 Y 都限制在区间 0..2 之内。
【例 5.9】
?- [X,Y] ins 0..2.
【运行结果】
X in 0..2,
Y in 0..2.
【说明】
在本例中,使用谓词(ins)/2 代替(in)/2。由运行结果可知,代码"?- X in 0..2, Y in 0..2."与代码"?- [X,Y] ins 0..2."等效。

5.1.5 为受约束的变量分配具体的值

可以使用枚举谓词 indomain/1,通过回溯,依次将一个变量绑定到其关联域中的所有整数。

【例 5.10】
?- V in 0..2, indomain(V).
【运行结果】
  V = 0
; V = 1
; V = 2
; false.

为受约束的变量分配具体的值称为标签化。谓词 label/1 将 indomain/1 提升到变量列表。

【例 5.11】
?- [X,Y] ins 0..1, label([X,Y]).
【运行结果】
  X = 0, Y = 0
; X = 0, Y = 1
; X = 1, Y = 0
; X = 1, Y = 1
; false.
【说明】
如果 label/1 不可用,则可以这样定义:
label(Vs) :- maplist(indomain, Vs).

标签化是一种总是终止的搜索形式。该属性对于终止分析极为重要,它能够将建模部分与实际搜索完全分开。实际上,变量绑定到其域的具体值的顺序很重要。出于这个原因,谓词 labeling/2(它是 label/1 的一般化)让用户在枚举允许的值时指定不同的策略。一种简单且通常非常有效的启发式方法是,每次标签化的变量值是包含元素数量最少的值。这种策略被称为"首次失败",因为这些变量通常是最可能导致标签化过程失败的因素,并且尽早尝试可能会削减搜索树的大部分内容,可通过 labeling([ff], Vars)获得。而对于其他问题,对变量进行静态重新排序可能就足够了。

5.1.6 约束的传播

可以将不同的约束条件以"合取词"的形式表述出来。

【例 5.12】

?- [X,Y] ins 0..2, Z #= X + Y.

【运行结果】

X in 0..2,
X+Y #= Z,
Y in 0..2,
Z in 0..4.

【说明】

请注意,Z 的域是从发布的约束中推导出的,而没有显式地声明。根据发布的约束来缩小域的过程,称为(约束)传播,它由约束求解器自动执行。

【例 5.13】

?- [X,Y] ins 0..2, Z #= X + Y, Z #= 0.

【运行结果】

X = 0,
Y = 0,
Z = 0.

【说明】

如果将 Z 绑定到 0,则 PROLOG 系统推断 X 和 Y 均为 0。在这种情况下,传播会产生所有变量的基础实例。

【例 5.14】

?- X in 0..1, X #> 2.

【运行结果】

false.

【说明】

若约束传播检测到一组约束的不满足性,则没有进行任何标签化。

【例 5.15】

?- [X,Y] ins 0..2, Z #= X + Y, Z #= 1.

【运行结果】

Z = 1,
X in 0..1,
X+Y #= 1,

Y in 0..1.

【说明】

在本例中,域的边界被调整了。

【例 5.16】

?-[X,Y,Z] ins 0..1,all_different([X,Y,Z]).

【运行结果】

X in 0..1,

all_different([X, Y, Z]),

Y in 0..1,

Z in 0..1.

【说明】

在本例中,all_different/1 约束没有检测到以下的不可满足性。如果所有变量可以同时绑定到(至少)它们各自域的一个值,从而满足所有约束,那么一组具有关联域的约束和变量被称为一致。通常,必须标签化所有变量,以确定一组约束是否一致。然而,有时也会存在着无须标签化就能保证一致性的较弱的约束形式。

【例 5.17】

?-[X,Y,Z] ins 0..1,all_distinct([X,Y,Z]).

【运行结果】

false.

【说明】

在本例中,由于 all_distinct/1 约束会检测到不一致,所以不标签化任何变量。

为了保证更强的一致性,all_distinct/1 约束必须为传播做额外的工作。因此,是否使用它,这取决于手头的问题:①如果在整个搜索空间中分布着许多解决方案,那么对解决方案进行简单的盲目搜索就很容易找到它们,而额外的修剪可能只会使此过程变慢。②如果解决方案相对稀疏,则对 all_distinct/1 的额外修剪可以帮助更有效地修剪搜索空间中不相关的部分。实际上,all_distinct/1 通常足够快,并且由于其更强的传播性而更可取。

通常需要在约束传播的强度和效率之间进行权衡。此外,当对整数进行推理时,约束传播的强度存在固有的限制:根据 Matiyasevich 定理,通常无法确定对整数的约束求解。这意味着,没有一种计算方法可以永远终止且总是可以正确地确定一组整数方程是否具有解。因此,通常用 labeling 进行搜索,以找到具体的解决方案,或检测到不存在任何解决方案。

5.2 用 clp(fd)解决的典型问题

以下是 clp(fd)可以解决的典型问题:

(1)排程问题。例如,应该何时在这家工厂做何工作来生产这些产品?

(2)最优化问题。例如,应该在这家工厂生产哪种产品才能使利润最大化?

(3)约束满足问题。例如,在医院里找到一个符合条件的房间安排,要求在康复室附近有一个手术室。

(4)顺序问题。例如,找到一个能让旅客到达目的地的旅行路线。

(5)标签问题。例如,数独(sudoku)或者谜题(cryptarithm)。

(6) 可信度推理问题。例如,侦探谜题和游戏中的 NPC(Non-Player Character,指游戏中不受玩家操纵的游戏角色)设置。

(7) 分配问题。例如,找到满足联盟要求的飞机机组人员分配,以使他们离家时间最长。

(8) 为相互关联的变量集找到可接受的解决方案。例如,在一群女孩中找出谁会去参加聚会,如果 B 去了,A 才会去,如果 C 去了,B 就不会去,等等。

(9) 为多个交互变量创建可接受的替代列表。例如,宴席承办商有多个候选宴会菜单,想要评估这些菜单是否满足成本标准,厨师、服务员、炉具的日程安排等,然后选择最佳菜单。

(10) 图形的几何约束。例如,一个 CAD 系统,其中两条线必须垂直,另外两条线必须平行,其他两条线相距 30 cm,依此类推。

5.3 用 PROLOG 解决组合优化任务

PROLOG 非常适合解决组合优化任务,在 PROLOG 中很容易为此类任务生成和测试解决方案。但是,如果只是单纯枚举解决方案,那么很快就会导致不可行的程序,因为通常有太多的组合,导致无法生成全部解决方案。PROLOG 提供了"约束"来有效地解决组合优化任务。约束可以在搜索开始之前,甚至在搜索进行的时候,删除搜索树的大部分内容。在典型情况下,这比单纯枚举解决方案要高效得多。因此,可以使用基于约束的 PROLOG 程序来生成和测试任务的解决方案。

在实践中,因为所有有限域都可以映射为整数的有限子集,所以可以通过 clp(fd) 约束来表示所有有限域的组合优化任务。通常可以用 clp(fd) 来解决组合优化任务。

【例 5.18】 一个养鸡户养了鸡和牛,共养了 30 只动物,这些动物共有 74 条腿,请问其中有几只鸡?

程序如下:

?- Chickens + Cows #= 30,
   Chickens * 2 + Cows * 4 #= 74,
   Chickens in 0..sup,
   Cows in 0..sup.

【运行结果】

Chickens = 23,
Cows = 7.

【说明】

在本例中,程序没有进行搜索,因为 clp(fd) 的约束求解器通过约束传播推导出了问题的唯一解。

5.3.1 地图着色问题

地图着色问题是指给地图的各个区域分配颜色,使相邻区域不能有相同颜色。此处可以用一个变量代表一个区域,用一个整数代表一种颜色,将这类问题映射到整数上的组合优化问题。为了具体起见,试着为如图 5-1 所示的地图着色。

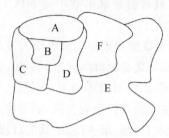

图 5-1 准备着色的地图

将使用整数 0,1,2,… 来表示合适的颜色。此外,从四色定理中可以知道,最多使用四个颜色就足够了。

以下 PROLOG 程序使用 clp(fd) 约束描述任务:

regions(Rs) :-
  Rs = [A,B,C,D,E,F],
  Rs ins 0..3,
  A #\= B, A #\= C, A #\= D, A #\= F,
  B #\= C, B #\= D,
  C #\= D, C #\= E,
  D #\= E, D #\= F,
  E #\= F.

不等式约束[(#\=)/2]用于声明对应于相邻区域的整数对必须是不同的。为了获得具体的解,可以使用标签化,具体如下。

【例 5.19】

:- use_module(library(clpfd)).
regions(Rs) :-
  Rs = [A,B,C,D,E,F],
  Rs ins 0..3,
  A #\= B, A #\= C, A #\= D, A #\= F,
  B #\= C, B #\= D,
  C #\= D, C #\= E,
  D #\= E, D #\= F,
  E #\= F.
?- regions(Rs), label(Rs).

【运行结果】

Rs = [0, 1, 2, 1, 0, 3];
Rs = [0, 1, 2, 1, 3, 3];
Rs = [0, 1, 2, 3, 0, 1];
……

为了获得更具可读性的解决方案,可以将整数与颜色相关联。

【例 5.20】

:- use_module(library(clpfd)).

```
regions(Rs) :-
    Rs = [A,B,C,D,E,F],
    Rs ins 0..3,
    A #\= B, A #\= C, A #\= D, A #\= F,
    B #\= C, B #\= D,
    C #\= D, C #\= E,
    D #\= E, D #\= F,
    E #\= F.
integer_color(0, red).
integer_color(1, green).
integer_color(2, blue).
integer_color(3, yellow).
? - regions(Rs), label(Rs),
    maplist(integer_color, Rs, Cs),
    pairs_keys_values(Pairs, [a,b,c,d,e,f], Cs).
```

【运行结果】

Rs = [0, 1, 2, 3, 0, 1],
Cs = [red, green, blue, yellow, red, green],
Pairs = [a-red, b-green, c-blue, d-yellow, e-red, f-green] ;
Rs = [0, 1, 2, 3, 0, 2],
Cs = [red, green, blue, yellow, red, blue],
Pairs = [a-red, b-green, c-blue, d-yellow, e-red, f-blue] ;
……

【说明】

这些解决方案如图 5-2 所示。

图 5-2 地图着色的方案(部分)

【例 5.21】

? - regions(Rs), Rs ins 0..2, label(Rs).

【运行结果】

false.

【说明】

在本例中,查询显示对于该地图至少需要 4 种颜色才能成功着色。

5.3.2 密码算术难题

SEND + MORE = MONEY 密码算术难题要求将 0~9 的数字分配给字母，使它们拼写出 SEND、MORE 和 MONEY 三个数，这三个数不允许前导零。而当以 10 为底的数字被读取时，将创建一个真正的数学公式。该数学公式中各个变量之间的约束关系可以用例 5.21 PROLOG 程序来描述。

【例 5.21】

```
:- use_module(library(clpfd)).
puzzle([S,E,N,D] + [M,O,R,E] = [M,O,N,E,Y]) :-
        Vars = [S,E,N,D,M,O,R,Y],
        Vars ins 0..9,
        all_different(Vars),
        S*1000 + E*100 + N*10 + D + M*1000 + O*100 + R*10 + E #=
        M*10000 + O*1000 + N*100 + E*10 + Y,
        M #\= 0, S #\= 0,
        label(Vars).
?- puzzle(X).
```

【运行结果】

X = ([9, 5, 6, 7]+[1, 0, 8, 5]=[1, 0, 6, 5, 2]) ;
false.

5.3.3 日程安排问题

日程安排是人们每天都要做的事情。例如，李平只能在 2:00~3:00 开会，你需要几个不受打扰的小时来思考工作，妈妈要来吃午饭。这就需要将要做的多项任务序列化。序列化表达了不能同时出现在两个地方的共同约束。它需要两个长度相同的列表，第一个列表是各项任务的开始时间，第二个列表是各项任务的持续时间。序列化对任务的开始时间和持续时间进行了约束，要求各个任务的占用时间段不会重叠。以下是一个日程安排问题的例子。

【例 5.22】

```
:- use_module(library(pairs)).
my_schedule_today(Starts, Durations) :-
    %今天要处理的事情的无序列表
    %在真正的问题中,可能会使用的时间(分钟),采用 24 小时制
        Starts = [PrepForSmith, MeetWithSmith, _WriteDBInstaller, Lunch, _CallAlice, _ReadDocs],
    %需要多长时间
        Durations = [2, 1, 2, 1, 1, 1],
    %让他们都在上午 9 点开始到下午 5 点结束
        Starts ins 9..17,
    %确保午餐在中午或下午 1 点
        Lunch in 12 \/ 13,
    %和史密斯的会议安排在下午 1 点
MeetWithSmith #= 13,
```

```
    %必须在会议前做准备工作
PrepForSmith #< MeetWithSmith,
    %强制执行序列
        serialized(Starts, Durations).

demo_my_schedule(Starts, Durations) :-
    my_schedule_today(Starts, Durations),
    append(Starts, Durations, Vars),
    label(Vars),
    pairs_keys_values(NameDurs , ['Prep for Smith', 'Meet With Smith', 'Write DB Installer', 'Lunch',
        'Call Alice', 'Read Flubbercalc Docs'], Durations),
    pairs_keys_values(Pairs, Starts, NameDurs),
    keysort(Pairs, Sorted),
    pairs_keys_values(Sorted, SortStarts, SortNameDurs),
    print_sched(SortStarts, SortNameDurs).

    print_sched([], _).
    print_sched([Start | ST], [Name - Duration | T]) :-
        format('~w: ~w   (~w hr)~n', [Start, Name, Duration]),
        print_sched(ST, T).

? - demo_my_schedule(Starts, Durations).
```

【运行结果】

9: Prep for Smith   (2 hr)
11: Call Alice   (1 hr)
12: Lunch   (1 hr)
13: Meet With Smith   (1 hr)
14: Write DB Installer   (2 hr)
16: ReadFlubbercalc Docs   (1 hr)
Starts = [9, 13, 14, 12, 11, 16],
Durations = [2, 1, 2, 1, 1, 1] ;
9: Prep for Smith   (2 hr)
11: Call Alice   (1 hr)
12: Lunch   (1 hr)
13: Meet With Smith   (1 hr)
14: Write DB Installer   (2 hr)
17: Read Flubbercalc Docs   (1 hr)
Starts = [9, 13, 14, 12, 11, 17],
Durations = [2, 1, 2, 1, 1, 1]

第6章 专家系统

经过不断的学习和工作,部分人在某一工作领域积累了丰富的经验性知识及解决问题时独有的思维方式,这些有经验的人称为该领域的专家。如果有一种能够扮演专家角色的软件,人们解决问题就会更容易。人们梦想计算机能像人类"专家"一样思考、解决复杂问题,替人们排忧解难。人工智能的专家系统帮助人们实现了这个梦想,一定程度上影响着我们的生活、工作和学习。

专家系统是人工智能学科领域中的一个重要分支,它开始于20世纪60年代中期,近年来风靡世界,成为世界各国都极为关注的热门学科。专家系统实际上是一种以知识为基础的计算机程序系统,具有大量的专门知识,能应用人工智能的理论和技术,根据人类专家的知识和经验进行推理,模拟人类专家进行决策,解决需要专家才能解决的复杂问题。

例如,在"动物识别专家系统"使用过程中,专家系统向用户提出一连串问题,根据回答的具体情况,推理出所咨询的动物是一头金钱豹。系统根据用户的回答来提出下一个问题,如果前面的任一个问题中选择其他答案,下一个问题就会截然不同,结果也可能是不同的了。在此交互的过程中,用户还可以使用"为何"按钮,要求专家系统回答"为什么要提出这个问题"。在专家系统推导出最后结论时,用户还可以使用"由来"按钮,要求专家系统回答"这个结论是怎样推导出来的"。交互过程很像与真人专家交谈一样。可见,专家系统是一个具有智能特点的计算机程序系统,它使用了某些领域专家的知识,并将这些知识通过编程嵌入计算机内部,模拟专家处理问题的思想解决复杂问题。

6.1 专家系统概述

6.1.1 专家系统的定义

专家系统是一个含有大量的某个领域专家水平的知识与经验智能计算机程序系统,能够利用人类专家的知识和解决问题的方法来处理该领域问题。简而言之,专家系统是一种模拟人类专家解决领域问题的计算机程序系统。

6.1.2 专家系统的特点

(1)启发性:专家系统能运用专家的知识与经验进行推理、判断和决策。

(2)透明性:专家系统能够解释本身的推理过程和回答用户提出的问题,以便让用户能够了解推理过程,提高对专家系统的信赖感。

(3)灵活性:专家系统能不断地增长知识,不断地更新,修改原有知识。

6.1.3 专家系统的优点

具体来说,专家系统包括以下优点:
(1)专家系统能够高效率、准确、周到、迅速和不知疲倦地进行工作。
(2)专家系统解决实际问题时不受周围环境的影响,也不可能遗漏忘记。
(3)可以使专家的专长不受时间和空间的限制,以便推广珍贵和稀缺的专家知识与经验。
(4)专家系统能促进各领域的发展。
(5)专家系统能汇集多领域专家的知识和经验以及他们协作解决重大问题的能力。
(6)军事专家系统的水平是一个国家国防现代化的重要标志之一。
(7)专家系统的研制和应用,具有巨大的社会效益和经济效益。
(8)研究专家系统能够促进整个科学技术的发展。

6.2 专家系统的类型

6.2.1 解释专家系统

任务:通过对过去和现在已知状况的分析,推断未来可能发生的情况。

特点:数据量很大,常不准确、有错误、不完全,能从不完全的信息中得出解释,并能对数据做出某些假设,推理过程可能很复杂和很长。

例子:语音理解、图象分析、系统监视、化学结构分析和信号解释等。

6.2.2 预测专家系统

任务:通过对已知信息和数据的分析与解释,确定它们的含义。

特点:系统处理的数据随时间变化,且可能是不准确和不完全的,系统需要有适应时间变化的动态模型。

例子:气象预报、军事预测、人口预测、交通预测、经济预测和谷物产量预测等。

6.2.3 诊断专家系统

任务:根据观察到的情况(数据)来推断出某个对象机能失常(即故障)的原因。

特点:能够了解被诊断对象或客体各组成部分的特性以及它们之间的联系,能够区分一种现象及其所掩盖的另一种现象,能够向用户提供测量的数据,并从不确切信息中得出尽可能正确的诊断。

例子:医疗诊断、电子机械和软件故障诊断及材料失效诊断等。

6.2.4 设计专家系统

任务:寻找出某个能够达到给定目标的动作序列或步骤。

特点:从多种约束中得到符合要求的设计,系统需要检索较大的可能解空间,能试验性地构造出可能设计,易于修改,能够使用已有设计来解释当前新的设计。

例子:VAX 计算机结构设计专家系统等。

6.2.5 规划专家系统

任务:寻找出某个能够达到给定目标的动作序列或步骤。

特点:所要规划的目标可能是动态的或静态的,需要对未来动作做出预测,所涉及的问题可能很复杂。

例子:军事指挥调度系统、ROPES 机器人规划专家系统、汽车和火车运行调度专家系统等。

6.2.6 监视专家系统

任务:对系统、对象或过程的行为进行不断观察,并把观察到的行为与其应当具有的行为进行比较,以发现异常情况,发出警报。

特点:系统具有快速反应能力,发出的警报要有很高的准确性,能够动态地处理其输入信息。

例子:黏虫测报专家系统。

6.2.7 控制专家系统

任务:自适应地管理一个受控对象或客体的全面行为,使之满足预期要求。

特点:控制专家系统具有解释、预报、诊断、规划和执行等多种功能。

例子:空中交通管制、商业管理、自主机器人控制、作战管理、生产过程控制和质量控制等。

6.2.8 调试专家系统

任务:对失灵的对象给出处理意见和方法。

特点:同时具有规划、设计、预报和诊断等专家系统的功能。

例子:在这方面的实例还比较少见。

6.2.9 教学专家系统

任务:教学专家系统的任务是根据学生的特点、弱点和基础知识,以最适当的教案和教学方法对学生进行教学和辅导。

特点:同时具有诊断和调试等功能,具有良好的人机界面。

例子:MACSYMA 符号积分与定理证明系统、计算机程序设计语言和物理智能计算机辅助教学系统及聋哑人语言训练专家系统等。

6.2.10 修理专家系统

任务:对发生故障的对象(系统或设备)进行处理,使其恢复正常工作。修理专家系统具有诊断、调试、计划和执行等功能。

例子:美国贝尔实验室的电话和有线电视维护修理系统。

6.2.11 其他类型的专家系统

其他类型的专家系统包括决策专家系统和咨询专家系统等。

6.3 专家系统的结构

专家系统的结构是指专家系统各组成部分的构造方法和组织形式。系统结构选择恰当与否,是与专家系统的适用性和有效性密切相关的。选择什么结构最为恰当,要根据系统的应用环境和所执行任务的特点而定。专家系统的结构如图6-1所示。由于每个专家系统所需要完成的任务和特点不相同,其系统结构也不尽相同,一般只具有图中部分模块。专家系统由6个部分组成:知识库及其管理系统、数据库及其管理系统、知识获取机构、推理机、解释器、人-机接口。

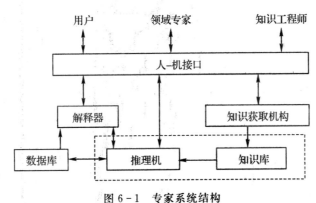

图6-1 专家系统结构

(1) 知识库。知识库又称规则库,是专家系统的知识存储器,存放领域知识、相关知识以及专家的经验知识。知识库建立的关键是知识的获取和知识的表示问题。

(2) 数据库。数据库又称动态数据库,用来存储有关领域的初始事实、推理过程中得到的各种中间状态或结果、系统的目标结果等。在求解问题开始时,存放用户提供的初始事实和对问题的基本描述;在推理的过程中所得到的中间结果也存入其中;推理机将数据库中的数据作为匹配条件去知识库(规则库)中选择合适的知识(规则)进行推理,再把推理的结果存入数据库中;这样循环往复,继续推理,直到得到目标结果。例如,在医疗专家系统中,数据库存放的是当前患者的情况,如姓名、年龄、基本症状等,以及推理过程中得到的一些中间结果,如引起症状的一些病因等。

(3) 知识获取机构。知识获取机构是专家系统中的一个重要部分,它负责从知识工程师那里获取知识或者从训练数据中自动获取知识,以及把获取的知识加入知识库中,并确保知识的一致性和完整性。

(4) 推理机。推理机是一组程序,用以模拟领域专家思维过程,以使整个专家系统能够以逻辑方式进行问题求解。它能依据数据库中的当前数据或事实,按照一定的策略从知识库中选择所需的知识,并依据该知识对当前的问题进行求解,它还能判断输入综合数据库的事实和数据是否合理,并为用户提供推理结果。

推理方式有正向推理、反向推理或双向混合推理,推理过程可以是确定性推理(演绎推理)或不确定性推理,可根据情况确定。

推理机在求解问题时可到知识库中搜索所需的知识。

(5)解释器。解释器是一组程序,与人-机接口相连,负责对专家系统的行为进行解释,并通过人-机接口界面提供给用户。

(6)人-机接口。人-机接口也称用户界面,用来接受用户输入的信息,并能输出推理的结论和解释的内容。如领域专家或知识工程师通过人-机接口可以实现知识的输入与更改;用户通过人-机接口输入要解决问题的描述,系统通过人-机接口输出推理结果。人-机接口尽量具有处理自然语言的能力。

6.4 建造专家系统的步骤

建立专家系统的一般步骤如图6-2所示。

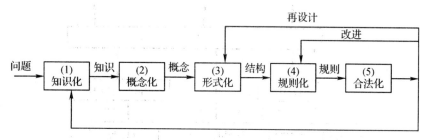

图6-2 建立专家系统的一般步骤

6.4.1 设计初始知识库

设计初始知识库包括以下五方面。

1. 问题知识化

问题知识化即辨别所研究问题的实质,如要解决的任务是什么,它是如何定义的,可否把它分解为子问题或子任务,它包含哪些典型数据,等等。

2. 知识概念化

知识概念化即概括知识表示所需要的关键概念及其关系,如数据类型、已知条件(状态)和目标(状态)、提出的假设及控制策略等。

3. 概念形式化

概念形式化即确定用来组织知识的数据结构形式,应用人工智能中各种知识表示方法把与概念化过程有关的关键概念、子问题及信息流特性等变换为比较正式的表达,它包括假设空间、过程模型和数据特性等。

4. 形式规则化

形式规则化即编制规则,把形式化了的知识变换为由编程语言表示的可供计算机执行的语句和程序。

5. 规则合法化

规则合法化即确认规则化了知识的合理性,检验规则的有效性。

6.4.2 原型机的开发与试验

在选定知识表达方法之后,即可着手建立整个系统所需要的实验子集,它包括整个模型的典型知识,而且只涉及与试验有关的足够简单的任务和推理过程。

6.4.3 知识库的改进与归纳

反复对知识库及推理规则进行改进试验,归纳出更完善的结果。经过相当长时间(如数月,甚至两三年)的努力,使系统在一定范围内达到人类专家的水平。

6.5 专家系统外壳

开发专家系统不仅需要开发人员掌握一定的计算机知识,还需要掌握丰富的专业领域知识。由于专业不同,很难做到专家们利用语言工具来开发专家系统,所以只能寄希望于开发方法的简化,让有关领域的专家亲自完成一些开发步骤。专家系统外壳又称为骨架系统,是由一些成功的专家系统演变而来的,即去掉专家系统的具体知识,保留基本结构和推理机制,就得到一个专家系统外壳。以下为几个典型的专家系统外壳:

(1) 20 世纪 70 年代诞生的 EMYCIN,就是在抽掉著名的医学诊断专家系统 MYCIN 的知识库而得到的一个外壳,斯坦福大学利用它成功地构建了一个肺功能测试专家系统 PUFF。

(2) 分类学专家系统外壳 GENI,只需修改它的知识库,就可以方便地构建动物分类、植物分类或者交通工具分类的专家系统。

(3) 农业种植方面的专家系统。

利用专家系统外壳作为开发工具,只要将新的领域知识填充到专家系统外壳中,就可以生成新的专家系统。当然,专家系统外壳并不是通用工具,不同的外壳适合开发的专家系统也有所不同。如 EMYCIN 就只能开发咨询性诊断分析系统,而不适合开发、构造综合性专家系统。

6.5.1 InterModeller 简介

InterModeller 是一个帮助学生学习分类概念和技巧的计算机软件,它提供了多种适合分类模型的知识表示形式,例如决策树、分类树、因素表和规则等。

1. 安装 InterModeller

InterModeller 的安装程序通常是 1 个 zip 自解压文件,例如 imw34e.exe。在使用该软件前,先将安装程序解压缩到某个文件夹中,其中名为 InterModeller.exe 的可执行文件就是 InterModeller 的主程序。InterModeller 是英文版软件,所有界面均为英文,可执行脚本 start-chinese.bat 进行汉化。

2. 使用 InterModeller

下面以"宝石识别专家系统"为例介绍 InterModeller 的使用方法。宝石识别任务就是要求能根据宝石的颜色、产地和成分,推测出宝石的名称是什么。

(1) 用于识别宝石的规则:

IF 颜色=水晶 AND 产地=南非 AND 成分=天然碳 THEN 宝石的名称=钻石.

IF 颜色=半透明的 AND 产地=中国 AND 成分=钙 THEN 宝石的名称=玉.

IF 产地=印度/南非 AND 成分=硅矿石 THEN 宝石的名称=玛瑙.

IF 颜色=透明的 AND 产地=缅甸 AND 成分=氧化铝 THEN 宝石的名称=红宝石.

(2) 建立模型。

步骤1:运行 InterModeller,选择"顺序规则",如图6-3所示。

步骤2:选取菜单"模型"—"规则编辑器",如图6-4所示。

图6-3 建立新模型

图6-4 选取"规则编辑器"菜单项

步骤3:根据提示输入相关信息,建立规则,如图6-5所示。

步骤4:点击"粘贴",把信息粘贴到"顺序规则1"窗口中,如图6-6所示。

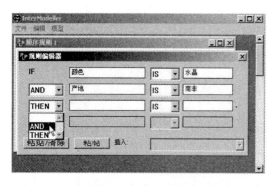

图6-5 建立规则

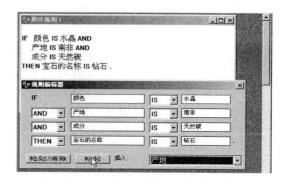

图6-6 复制规则代码

步骤5:按照上述方法构造出第二条规则,如图6-7所示。

步骤6:同一个模型可以转换成不同的表示形式。选取菜单"模型"—"转换",如图6-8所示。

第6章 专家系统

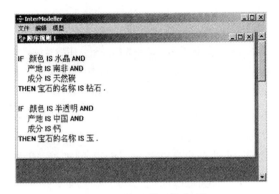

图6-7 构造第二条规则

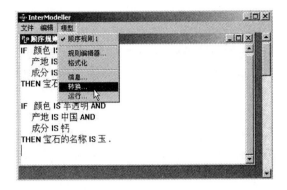

图6-8 选取"转换"菜单项

步骤7：按窗口提示操作，将规则转换成决策树，如图6-9所示。
步骤8：同时显示规则和决策树，如图6-10所示。

图6-9 将规则转换成决策树

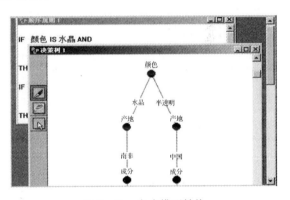

图6-10 完成模型转换

(3) 运行模型。

选取菜单"模型"—"运行"，开始接受咨询。咨询的过程如图6-11和图6-12所示。

图6-11 提问

图6-12 建议和解释

6.5.2 ESTA 简介

ESTA(Expert System for Text Animation 文本动画专家系统)是 PROLOG 开发中心推出的专家系统外壳。ESTA 是完全的 Microsoft Windows 风格的系统工具,使用多文档接口界面,用户界面友好。

ESTA 适用于诊断、规划等领域,知识表示属于结构化规则基(与 MYCIN 的骨架系统 E-MYCIN 类似)和逻辑基(使用 Visual Prolog 谓词)型。PROLOG 开发中心同时也提供了 Web 版的 ESTA,ESTA 包括与 Visual Prolog 的接口,可以建造自己的对 ESTA 的扩展,或将 ESTA 集成到一个现有的 Visual Prolog 应用或其他 Windows 应用中。ESTA 也是一个原型工具,它提供给知识工程师一些知识库的视图,在具有层次的树结构上可以直接编辑或扩大知识库。借助于内建的 DDE 接口,ESTA 能与第三方应用如电子表格、字符处理器建立联系。ESTA 以忠告和指导的形式为用户提供咨询。使用 ESTA 建造的知识库不需要以往的程序设计经历。ESTA 也包括了过程调用和数学函数功能。

ESTA 支持混合推理机制,采用确定性推理,由执行行动等实现正向推理,通过对规则中参数的求值等完成反向推理。

安装 ESTA:运行安装程序 ESTA_setup.exe,按照提示完成安装过程。安装完毕,分别在桌面和开始菜单创建快捷方式"ESTA"。

6.6 ESTA 基本概念

6.6.1 ESTA 知识库的形式

在 ESTA 中,知识库由一些节、参数(或称为参量)和规则等组成。节包含了指引用户到知识库中合适的地方和给出适当的忠告的一些规则(逻辑的)。参数则用于求值,以控制咨询过程。知识获取一般通过文本编辑窗口实现。下面例子的知识库包括 1 个"节"和 1 个参数。

【例 6.1】

```
section start :'这个节最先被执行'
if car_color ='red' ( advice '您的汽车是红色的,可以尝试将它卖给消防队', call sound(200,100))
if car_color <>'red' and car_color <> 'blue'
    advice'您的汽车的颜色不是我们喜爱的颜色!'
advice'再见!'


parameter car_color '汽车的颜色'
type text
question'您的汽车是什么颜色的?'
```

【说明】

"start 节"包括 3 个段落,第一个段落包括 2 个"动作",则用圆括号括起来,中间用逗号隔开。第二个段落只包括 1 个"动作",因此圆括号可以省略。最后一个段落包括 1 个单一的"动作",而没有处理任何逻辑条件。

注意:在评估(计算)一个"布尔(逻辑)表达式"时会使用到参数,例如,in car_color = 'red'。如果一个参数在评估(计算)时还没有赋值,ESTA 将通过询问用户或使规则建立该参数的值,参数的值依赖于其声明。

【例 6.2】 建立知识库。

第 1 步:运行 ESTA,进入主界面。

第 2 步:点击"File/New"菜单项后,选择"Knowledge Base",点"OK"按钮。

第 3 步:点击"Parameter/New Parameter"菜单项后,输入参数名(Name)为 car_color,选择参数类型(Type)为 text,点"OK"按钮,如图 6-13 所示。

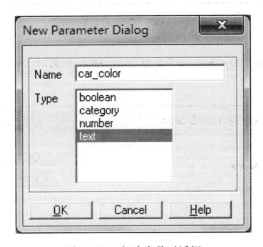

图 6-13 新建参数对话框

第 4 步:在参数 car_color 的代码窗口中,将默认代码修改为前面介绍的程序代码,如图 6-14 所示。

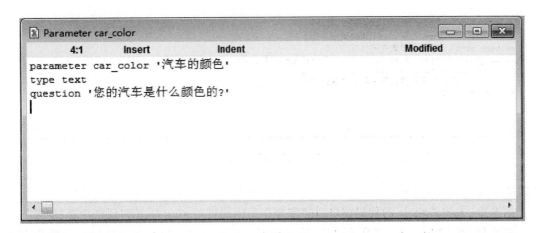

图 6-14 代码窗口

第 5 步:关闭参数 car_color 的代码窗口,在"您要在关闭前更新 car_color 吗?"对话框中选择是，如图 6－15 所示。

ESTA
您要在关闭前更新 car_color 吗?
是
不是
取消

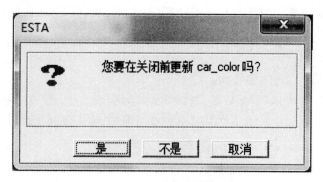

图 6－15 提示对话框

第 6 步：点击“Section/New Section”菜单项后，输入节名（Name）为 start，点“OK”按钮，如图 6－16 所示。

New Section Dialog
Name
start
OK
Cancel

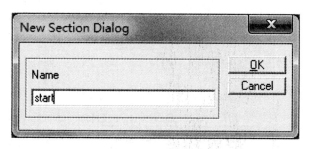

图 6－16 新建节对话框

第 7 步：在节 start 的代码窗口中，将默认代码修改为前面介绍的程序代码，如图 6－17 所示。

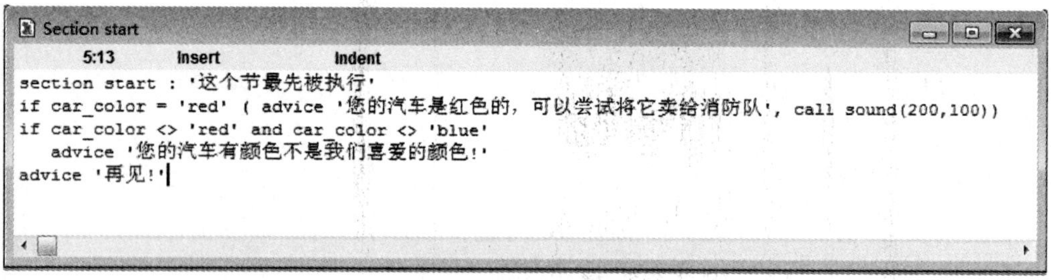

Section start
5:13 Insert Indent
section start : '这个节最先被执行'
if car_color = 'red' (advice '您的汽车是红色的, 可以尝试将它卖给消防队', call sound(200,100))
if car_color <> 'red' and car_color <> 'blue'
advice '您的汽车有颜色不是我们喜爱的颜色!'
advice '再见!'

图 6－17 程序代码

第 8 步：关闭节 start 的代码窗口，在“您要在关闭前更新 start 吗?”对话框中选择“是”。

第 9 步：点击“File/Save”菜单项后，输入知识库名称（例如：MyFirstKB.kb），选择保存类型为“知识库（＊.kb）”，点“OK”按钮。

第 10 步：点击“Consult/Begin Consultation”菜单项，开始咨询。图 6－18～图 6－23 为两

次咨询的过程图示。

图 6-18 第 1 次咨询:回答提问

图 6-19 第 1 次咨询:给出忠告 1

图 6-20 第 1 次咨询:给出忠告 2

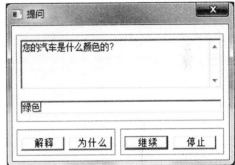

图 6-21 第 2 次咨询:回答提问

图 6-22 第 2 次咨询:给出忠告 3

图 6-23 第 2 次咨询:给出忠告 4

6.6.2 节(Sections)

"节"位于 ESTA 知识库层次结构的最顶层。一个"节"由 1 个节名、1 项文字描述和若干个段落(paragraph)组成。ESTA 按从顶至底的顺序,依次处理当前"节"中的段落。

在任何一个 ESTA 知识库中,必须包含一个"start 节","start 节"在专家系统推理时被第一个执行。当一个咨询经过"开始咨询命令(Begin Consultation command)"而被开启时,

ESTA 从"start 节"中段落的第一个"布尔（逻辑）表达式"处开始执行推理。

【语法】

关于 ESTA 语言的语法是以被称为 BNF 的规范化描述语言书写的。ESTA 节语法如下。

(1) <节> ::= section <节名> [:] <关于本节的描述文字>
<段落列表>

ESTA 在节的段落列表中，从顶到底处理段落，一次处理一个段落。

(2) <段落列表> ::= <段落> [<段落列表>]
(3) <段落> ::= [if <布尔表达式>] <动作>
　　　　　　　　　[if <布尔表达式>] (<动作集>)

如果一个段落包含一个布尔表达式，则此表达式将被首先求值。如果求值的结果为真，则执行相应的动作(集)。如果段落中根本不包含布尔表达式，则执行段落中的动作(集)。

(4) <动作集> ::= <动作> [,<动作集>]
(5) <动作> ::= advice |
　　　　　　　　　assign |
　　　　　　　　　call |
　　　　　　　　　chain |
　　　　　　　　　do |
　　　　　　　　　do_section_of |
　　　　　　　　　exit |
　　　　　　　　　stop

(6) <advice> ::= advice <详述>
<详述> ::= <advice-item> {<详述>}
<advice-item> ::= 文本表达式 | picture <图片名>

(7) <assign> ::= assign <parameter-name> := <expression>

assign 用于给参数赋值。

(8) <call> ::= call clear_all() |
　　　　　　　　　call clear_value(<parameter_name>) |
　　　　　　　　　call display(<filename>) |
　　　　　　　　　call hyperadvice(<filename>,<name>) |
　　　　　　　　　call restore_values(<filename>) |
　　　　　　　　　call save_values(<filename>) |
　　　　　　　　　call showpic(<picture_name>) |
　　　　　　　　　call sound(<Duration>,<Frequency>) |
　　　　　　　　　call system(<string>)

"call"动作被用于调用 ESTA 的内建过程或者用户自定义过程。

(9) <chain> ::= chain <filename>

"chain"动作使 ESTA 装入一个新知识库。在装入一个知识库之前，通过调"save_values"动作，并在新装入知识库的第一个动作调用"restore_values"动作，可以实现参数值在两个知识库之间传输。需要注意的是，只有参数值才能够在知识库之间进行传输。当一个知识库被 chain 时，所有未保存的关于知识的定义都将丢失。如果参数"filename"是空字符串，如 chain ′′，ESTA 将装入当前的知识库，其效果就像刚刚装入知识库时一样。

(10)<do> ::= do <section－name>

"do"动作实现将控制从一个"节"跳转到另一个"节"。

(11)<exit> ::= exit

"exit"动作将终止对当前知识库的咨询。

(12)<stop> ::= stop

"stop"动作将结束当前"节"的执行。"stop"动作可以帮助知识库引擎避免反复地测试条件。

以下几个例子介绍了 ESTA 的节的典型编写形式。

【例 6.3】

advice ′通过以下 3 种方法或许可以启动汽车：
   1)拉或推"start"开关
   2)给电池充电
   3)使用其他汽车的电池′
picture ′cars′

【例 6.4】

section start ′a very short section to illustrate assign′
  assign n := 7 + 8 / 2
  advice ′evaluation of 7 + 8 / 2 gives ′ n
  assign n := (7 + 8) / 2
  advice ′evaluation of (7 + 8) / 2 gives ′ n
    ′as / has higher priority than +.′ &
    ′Notice that the parameter indeed did change the value′
parameter n ′n′
type number

【例 6.5】

chain ′car.kb′

【说明】

该动作开启了关于知识库′car.kb′的一个咨询。需要注意的是，新的知识库会被装入内存中，而内存中原来的知识库将消失。

【例 6.6】

section start ′开始节′
  if answer = ′yes′ (do positive_section，do next_section)
  if answer = ′no′ do negative_section

【例 6.7】

section start
  stop
  advice ′这个忠告永远不会被给出。′

【例 6.8】

以下两段程序是等价的。

（1）程序一：

section start '本节没有包括 stop 动作'
if p1 and p2 and p3 and p4 and p5 and p6 and p7
　　advice '如果 p1 － p7 都为真,这个忠告将被给出。'
if not (p1 and p2 and p3 and p4 and p5 and p6 and p7)
　　advice '这是第 2 个忠告,当它被给出时说明 p1 － p7 都为假。'

（2）程序二：

section start '本节包括 stop 动作'
if p1 and p2 and p3 and p4 and p5 and p6 and p7
　　(advice '如果 p1 － p7 都为真,这个忠告将被给出。',
　　stop)
advice '这是第 2 个忠告,当它被给出时说明 p1 － p7 都为假。'

6.6.3　参数（Parameters）

参数和变量的行为非常相似,用于决定"控制"在不同的"节"之间跳转。一个参数由声明、类型和若干个可选项组成。一个参数可以为以下 4 种类型之一：

（1）boolean parameter（布尔类型参数）。

（2）text parameter（文本类型参数）。

（3）number parameter（数值类型参数）。

（4）category parameter（分类类型参数）。

任何一个参数能够通过下列 3 种方式之一获取参数值：

（1）向用户提问,并从用户回答中获取参数值。

（2）从某些规则的返回值中获取参数值。

（3）通过 assign 动作进行赋值。

【语法】　ETSA 参数的语法：

＜参数＞::= parameter ＜参数名＞［说明］
　　　type［参数类型］
　　　［＜explanation 解释文本＞］
　　　［＜options field＞］
　　　［＜rules field (with text expressions)＞］
　　　［＜question 提问文本＞］
　　　［＜picture 图片＞］

以下几个例子介绍了 ESTA 参数的典型形式。

【例 6.9】

parameter name '用户名称'
type text
question '您的名字是什么？'

【例 6.10】

parameter pc_colour '用户最喜爱的屏幕颜色'
type category

options
red,
blue,
green.
question '在您使用编辑器的时候,您更喜爱哪种屏幕颜色?'
picture 'colour_screen_picture'

【例 6.11】
parameter colour '颜色的文字描述'
type text
explanation '人们通常使用文字来描述颜色。这个参数将颜色表示为诸如 red,blue,等等。'
rules
 'blue' if frequency < 1000,
 'red' if frequency > 2000 and frequency < 3000,
 'invisible'.

6.7 使用 ESTA 实现反向推理

6.7.1 反向推理

  反向推理(reverse reasoning)是从假设目标开始向事实方向进行的推理,又称目标驱动推理或逆向推理。
  反向推理的基本思想:首先提出一个假设目标,然后从这个假设目标出发,去寻找支持该假设的证据,若所需的证据都能找到,则该假设成立,推理成功;若无法找到支持该假设的所有证据,则说明假设不成立,需要另做新的假设。反向推理过程如图 6-24 所示。

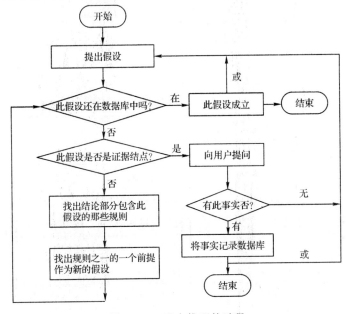

图 6-24 反向推理的过程

反向推理的优点在于推理过程的方向性强,不必使用与目标无关的知识,并能对推理过程向用户提供解释;但是在选择初始目标时具有很大的盲目性,若提出的假设目标不符合实际或不正确,就有可能需要多次提出假设,影响推理效率。因此,反向推理比较适合结论比较单一或直接提出结论要求证实的系统。

6.7.2 感冒诊断专家系统——反向推理

感冒诊断专家系统向患者询问病情,并根据知识库得出诊断结论,然后给出用药建议。

1. 知识库

诊断感冒所需的知识见表6-1。

表6-1 诊断感冒所需的知识

症状	结论								
	感冒刚起	感冒	感冒+发烧	感冒+咳嗽	感冒+咽痛	感冒+发烧+咳嗽	感冒+发烧+咽痛	感冒+咳嗽+咽痛	感冒+发烧+咳嗽+咽痛
	规则1	规则2	规则3	规则4	规则5	规则6	规则7	规则8	规则9
发烧			√			√	√		√
咳嗽				√		√		√	√
咽痛					√		√	√	√
头痛		头部症状 √							
头晕	√								
鼻塞		鼻部症状							
流鼻涕	√		感冒 √	感冒 √	感冒 √	感冒 √	感冒 √	感冒 √	感冒 √
惊风		全身感觉不适 √							
浑身无力									

2. 专家系统建立的参数(见表6-2)

表6-2 专家系统建立的参数

参数名	类型	表示的事实	提问	备注
bisai	boolean	有鼻塞症状	您现在鼻塞吗?	事实
fashao	boolean	有发烧症状	您现在发烧吗?	事实
jinfeng	boolean	有惊风症状	您被风吹的时候有惊乍的感觉吗?	事实
kesou	boolean	有咳嗽症状	您现在咳嗽吗?	事实
liubiti	boolean	有流鼻涕症状	您现在流鼻涕吗?	事实
toutong	boolean	有头痛症状	您现在感觉头痛吗?	事实
touyun	boolean	有头晕症状	您现在感觉头晕吗?	事实
wuli	boolean	有浑身无力症状	您现在感觉浑身无力吗?	事实

续表

参数名	类型	表示的事实	提问	备注
yantong	boolean	有咽喉疼痛症状	您现在感到咽喉疼痛吗？	事实
bibuzheng	boolean	鼻部有症状		中间结论
quanshengzheng	boolean	全身感觉不适		中间结论
toubuzheng	boolean	头部有症状		中间结论
ganmaochengdu	category	感冒的程度		中间结论

3. 程序代码

```
Title
Sections
section start ：'开始节'
if ganmaochengdu='感冒' and fashao and kesou and yantong
(
advice
'诊断结论是严重感冒,用药建议如下：
(1)强力银翘片,每日服用3次,每次3粒。
(2)阿莫西林胶囊,每隔8小时服用一次,每次2粒。
(3)咳速停糖浆,每日服用3次,每次20毫升。
(4)美林滴剂,发烧超38.5摄氏度时服用,每次20毫升。',
exit)


if ganmaochengdu='感冒' and kesou and yantong
(
advice
'诊断结论是严重感冒,用药建议如下：
(1)强力银翘片,每日服用3次,每次3粒。
(2)阿莫西林胶囊,每隔8小时服用一次,每次2粒。
(3)咳速停糖浆,每日服用3次,每次20毫升。',
exit)


if ganmaochengdu='感冒' and fashao and kesou
(
advice
'诊断结论是严重感冒,用药建议如下：
(1)强力银翘片,每日服用3次,每次3粒。
(2)咳速停糖浆,每日服用3次,每次20毫升。
(3)美林滴剂,发烧超38.5摄氏度时服用,每次20毫升。',
exit)


if ganmaochengdu='感冒' and fashao and yantong
```

(

advice

'诊断结论是严重感冒,用药建议如下:

(1)强力银翘片,每日服用3次,每次3粒。

(2)阿莫西林胶囊,每隔8小时服用一次,每次2粒。

(3)美林滴剂,发烧超38.5摄氏度时服用,每次20毫升。',

exit)

if ganmaochengdu='感冒' and fashao

(

advice

'诊断结论是严重感冒,用药建议如下:

(1)强力银翘片,每日服用3次,每次3粒。

(2)美林滴剂,发烧超38.5摄氏度时服用,每次20毫升。',

exit)

if ganmaochengdu='感冒' and kesou

(

advice

'诊断结论是严重感冒,用药建议如下:

(1)强力银翘片,每日服用3次,每次3粒。

(2)咳速停糖浆,每日服用3次,每次20毫升。',

exit)

if ganmaochengdu='感冒' and yantong

(

advice

'诊断结论是严重感冒,用药建议如下:

(1)强力银翘片,每日服用3次,每次3粒。

(2)阿莫西林胶囊,每隔8小时服用一次,每次2粒。',

exit)

if ganmaochengdu='感冒'

(

advice

'诊断结论是感冒。

请服用强力银翘片,每日服用3次,每次3粒。'

)

if ganmaochengdu='感冒刚起'

(

advice

'诊断结论是感冒刚起。

请服用新速效伤风胶囊,每日服用 3 次,每次 1 颗。'
)

Parameters
parameter bibuzheng : '鼻部有症状'
type boolean
explanation '经过分析,推断出鼻部有症状。'
rules
true   if bisai or liubiti,
false if not bisai and not liubiti.

parameter bisai : '有鼻塞症状'
type boolean
explanation '确认是否有鼻塞症状'
question '您现在鼻塞吗?'

parameter fashao : '有发烧症状'
type boolean
explanation '确认患者是否有发烧症状'
question '您现在发烧吗?'

parameter ganmaochengdu : '感冒的程度'
type category
explanation '经过分析,推断出患者所得感冒的程度'
options
感冒刚起,
感冒.
rules
感冒   if toubuzheng and bibuzheng and quanshengzheng,
感冒刚起 if liubiti and touyun.

parameter jinfeng : '有惊风症状'
type boolean
explanation '确认是否有惊风症状'
question '您被风吹的时候有惊乍的感觉吗?'

parameter kesou : '有咳嗽症状'
type boolean
explanation '确认是否有咳嗽症状'
question '您现在咳嗽吗?'

parameter liubiti : '有流鼻涕症状'
type boolean

explanation '确认是否有流鼻涕症状'
question '您现在流鼻涕吗?'

parameter quanshengzheng : '全身感觉不适'
type boolean
explanation '经过分析,推断出患者全身感觉不适'
rules
true   if jinfeng or wuli,
false if not jinfeng and not wuli.

parameter toubuzheng : '头部有症状'
type boolean
explanation '经过分析,推断出头部有症状。'
rules
true   if toutong or touyun,
false if not toutong and not touyun.

parameter toutong : '有头痛症状'
type boolean
explanation '确认是否有头痛症状'
question '您现在感觉头痛吗?'

parameter touyun : '有头晕症状'
type boolean
explanation '确认是否有头晕症状'
question '您现在感觉头晕吗?'

parameter wuli : '有浑身无力症状'
type boolean
explanation '确认是否有浑身无力症状'
question '您现在感觉浑身无力吗?'

parameter yantong : '有咽喉疼痛症状'
type boolean
explanation '确认是否有咽喉疼痛症状'
question '您现在感到咽喉疼痛吗?'

6.8 使用 ESTA 实现正向推理

6.8.1 产生式规则

产生式规则通常用于描述事物之间的一种因果关系。其基本形式为

IF <P> THEN <Q> 或直接表达为 P→Q

其中:P 是产生式的前提,用于指出该产生式是否可用的条件,也可称为前件;Q 是产生式的结论或操作,用于指出当前提 P 被满足时,应该得出的结论或应该执行的操作,也可称为后件。

6.8.2 正向推理

正向推理(forward reasoning)是由已知事实或条件出发向结论方向的推理,也称为数据驱动推理、事实驱动推理或前向推理。推理机的工作过程分三步:

(1)推理机将知识库中的规则前提与这些事实进行匹配。一般是将每条规则的前提取出来,验证这些前提是否在数据库中。若都在,则匹配成功;否则取下一条规则进行匹配。

(2)将匹配成功的规则的结论作为新的事实添加到综合数据库中。

(3)用更新后的综合数据库中的事实,重复上面两个步骤,直到某个事实就是意想中的结论或者不再有新的事实产生为止。

可见,正向推理是"匹配、求解、执行"循环往复进行的,推理过程如图 6-25 所示。

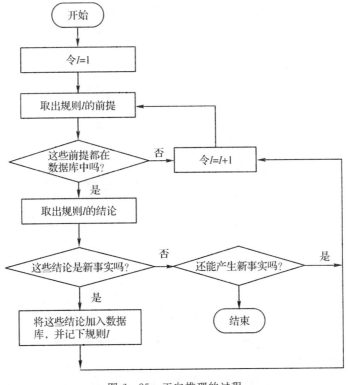

图 6-25 正向推理的过程

正向推理简单、直观,易实现,但推理过程中规则控制效果不明显,当适用的知识不止一条时,需要用启发性知识解除冲突并控制中间结果的选取,因此,需要选择好的匹配方法,才能提高推理效率。

6.8.3 感冒诊断专家系统——正向推理

感冒诊断专家系统向患者询问病情,并根据知识库得出诊断结论,然后给出用药建议。

1. 知识库

与 6.7.2 节的知识库相同。

2. 专家系统建立的参数(见表 6-3)

表 6-3 专家系统建立的参数

参数名	类型	表示的事实	提问	备注
bisai	boolean	有鼻塞症状	您现在鼻塞吗?	事实
fashao	boolean	有发烧症状	您现在发烧吗?	事实
jinfeng	boolean	有惊风症状	您被风吹的时候有惊乍的感觉吗?	事实
kesou	boolean	有咳嗽症状	您现在咳嗽吗?	事实
liubiti	boolean	有流鼻涕症状	您现在流鼻涕吗?	事实
toutong	boolean	有头痛症状	您现在感觉头痛吗?	事实
touyun	boolean	有头晕症状	您现在感觉头晕吗?	事实
wuli	boolean	有浑身无力症状	您现在感觉浑身无力吗?	事实
yantong	boolean	有咽喉疼痛症状	您现在感到咽喉疼痛吗?	事实
bibuzheng	boolean	鼻部有症状		中间结论
quanshengzheng	boolean	全身感觉不适		中间结论
toubuzheng	boolean	头部有症状		中间结论
ganmaochengdu	category	感冒的程度		中间结论
r1	boolean	规则 1 被使用过		标志变量
r2	boolean	规则 2 被使用过		标志变量
r3	boolean	规则 3 被使用过		标志变量
r4	boolean	规则 4 被使用过		标志变量
r5	boolean	规则 5 被使用过		标志变量

3. 专家系统建立的节

专家系统建立了 3 个节,分别是 start 节、init 节和 tuili 节。其中:

(1)start 节是第 1 个被执行的节,其中分别调用了 init 节和 tuili 节。

(2)init 节负责初始化事实变量(如 bisai、fashao 等参数)、中间结论变量(如 toubuzheng 等参数)和规则使用标志变量(如 r1、r2 等参数)。因为 ESTA 参数在未赋值的情况下,对其值进行评估初导致提问(即显示提问对话框),这在正向推理中是不允许的,所以在尚未评估参数前一一给其赋值。

(3) tuili 节是推理的核心,包含了用于正向推理的规则集合。为了模拟正向推理中规则的选取,额外定义了 5 个规则使用标志变量(即 r1、r2 等参数)。在某个规则被使用后,对应的标志变量值被设置为 true。这样在下一轮的推理中,该规则将不会被再次使用。

4. 程序代码

Title
Sections

```
section init : '初始化'
/* 询问患者病情:事实变量 */
assign fashao := fashao
assign kesou := kesou
assign toutong := toutong
assign touyun := touyun
assign yantong := yantong
assign bisai := bisai
assign liubiti := liubiti
assign jinfeng := jinfeng
assign wuli := wuli
/* 中间结论变量 */
assign toubuzheng := unknown
assign bibuzheng := unknown
assign quanshengzheng := unknown
assign ganmaochengdu := '未知'
/* 初始化 r1,r2,r3,r4,r5 */
assign r1 := false
assign r2 := false
assign r3 := false
assign r4 := false
assign r5 := false

section start : '开始节'
do init
do tuili   /* 进行第 1 轮推理 */
do tuili   /* 进行第 2 轮推理 */
do tuili   /* 进行第 3 轮推理 */
do tuili   /* 进行第 4 轮推理 */
do tuili   /* 进行第 5 轮推理 */
do tuili   /* 进行第 6 轮推理 */
do tuili   /* 进行第 7 轮推理 */
do tuili   /* 进行第 8 轮推理 */
do tuili   /* 进行第 9 轮推理 */
do tuili   /* 进行第 10 轮推理 */
```

section tuili：'进行一轮推理'
if (not r1) and (jinfeng or wuli)   /*若本规则未被使用(r1 为 false)且 jinfeng 或 wuli 为 true */
(
assign quanshengzheng := true,
assign r1 := true,
stop
)
if (not r2) and (bisai or liubiti)   /*若本规则未被使用(r2 为 false)且 bisai 或 liubiti 为 true */
(
assign bibuzheng := true,
assign r2 := true,
stop
)
if (not r3) and (toutong or touyun)   /*若本规则未使用(r3 为 false)且 toutong 或 touyun 为 true */
(
assign toubuzheng := true,
assign r3 := true,
stop
)
if (not r4) and liubiti and touyun/*若本规则未被使用(r4 为 false)，且 liubiti 和 touyun 为 true */
(
assign ganmaochengdu := '感冒刚起',
assign r4 := true,
stop
)
if (not r5) and toubuzheng and bibuzheng and quanshengzheng
/*若本规则未被使用(r5 为 false)且 toubuzheng、bibuzheng 和 quanshengzheng 为 true */
(
assign ganmaochengdu := '感冒',
assign r5 := true,
stop
)
if ganmaochengdu='感冒' and fashao and kesou and yantong
(
advice
'诊断结论是严重感冒，用药建议如下：
(1)强力银翘片，每日服用 3 次，每次 3 粒。
(2)阿莫西林胶囊，每隔 8 小时服用一次，每次 2 粒。
(3)咳速停糖浆，每日服用 3 次，每次 20 毫升。
(4)美林滴剂，发烧超 38.5 摄氏度时服用，每次 20 毫升。',
exit)

if ganmaochengdu='感冒' and kesou and yantong
(
advice
'诊断结论是严重感冒,用药建议如下:
(1)强力银翘片,每日服用 3 次,每次 3 粒。
(2)阿莫西林胶囊,每隔 8 小时服用一次,每次 2 粒。
(3)咳速停糖浆,每日服用 3 次,每次 20 毫升。',
exit)

if ganmaochengdu='感冒' and fashao and kesou
(
advice
'诊断结论是严重感冒,用药建议如下:
(1)强力银翘片,每日服用 3 次,每次 3 粒。
(2)咳速停糖浆,每日服用 3 次,每次 20 毫升。
(3)美林滴剂,发烧超 38.5 摄氏度时服用,每次 20 毫升。',
exit)

if ganmaochengdu='感冒' and fashao and yantong
(
advice
'诊断结论是严重感冒,用药建议如下:
(1)强力银翘片,每日服用 3 次,每次 3 粒。
(2)阿莫西林胶囊,每隔 8 小时服用一次,每次 2 粒。
(3)美林滴剂,发烧超 38.5 摄氏度时服用,每次 20 毫升。',
exit)

if ganmaochengdu='感冒' and fashao
(
advice
'诊断结论是严重感冒,用药建议如下:
(1)强力银翘片,每日服用 3 次,每次 3 粒。
(2)美林滴剂,发烧超 38.5 摄氏度时服用,每次 20 毫升。',
exit)

if ganmaochengdu='感冒' and kesou
(
advice
'诊断结论是严重感冒,用药建议如下:
(1)强力银翘片,每日服用 3 次,每次 3 粒。
(2)咳速停糖浆,每日服用 3 次,每次 20 毫升。',
exit)

if ganmaochengdu='感冒' and yantong

(
advice
'诊断结论是严重感冒,用药建议如下:
(1)强力银翘片,每日服用3次,每次3粒。
(2)阿莫西林胶囊,每隔8小时服用一次,每次2粒。
',
exit)

if ganmaochengdu='感冒'
(
advice
'诊断结论是感冒。
请服用强力银翘片,每日服用3次,每次3粒。',
exit
)

if ganmaochengdu='感冒刚起'
(
advice
'诊断结论是感冒刚起。
请服用新速效伤风胶囊,每日服用3次,每次1颗。',
exit
)

(
advice '无法根据您的回答得出诊断结论!',
exit
)

Parameters
parameter bibuzheng:'鼻部有症状'
type boolean
explanation '经过分析,推断出鼻部有症状。'

parameter bisai:'有鼻塞症状'
type boolean
explanation '确认是否有鼻塞症状'
question '您现在鼻塞吗?'

parameter fashao:'有发烧症状'
type boolean
explanation '确认患者是否有发烧症状'
question '您现在发烧吗?'

parameter ganmaochengdu：'感冒的程度'
type category
explanation '经过分析，推断出患者所得感冒的程度'
options
感冒刚起，
感冒，
未知．

parameter jinfeng：'有惊风症状'
type boolean
explanation '确认是否有惊风症状'
question '您被风吹的时候有惊乍的感觉吗？'

parameter kesou：'有咳嗽症状'
type boolean
explanation '确认是否有咳嗽症状'
question '您现在咳嗽吗？'

parameter liubiti：'有流鼻涕症状'
type boolean
explanation '确认是否有流鼻涕症状'
question '您现在流鼻涕吗？'

parameter quanshengzheng：'全身感觉不适'
type boolean
explanation '经过分析，推断出患者全身感觉不适'

parameter r1：'规则1被使用过'
type boolean

parameter r2：'规则2被使用过'
type boolean

parameter r3：'规则3被使用过'
type boolean

parameter r4：'规则4被使用过'
type boolean

parameter r5：'规则5被使用过'
type boolean

parameter times：''
type number

parameter toubuzheng：'头部有症状'
type boolean
explanation '经过分析，推断出头部有症状。'

parameter toutong：'有头痛症状'
type boolean
explanation '确认是否有头痛症状'
question '您现在感觉头痛吗？'

parameter touyun：'有头晕症状'
type boolean
explanation '确认是否有头晕症状'
question '您现在感觉头晕吗？'

parameter wuli：'有浑身无力症状'
type boolean
explanation '确认是否有浑身无力症状'
question '您现在感觉浑身无力吗？'

parameter yantong：'有咽喉疼痛症状'
type boolean
explanation '确认是否有咽喉疼痛症状'
question '您现在感到咽喉疼痛吗？'

第三篇 新一代人工智能

第7章 Python 语言

Python 语言是一门比较"古老"的编程语言。1989年，荷兰开发者 Guido van Rossum 在圣诞节期间开始编写 Python 语言的解释器，Python 这个名字来自他所挚爱的电视剧 Monty Python's Flying Circus。1991年，第一个 Python 解释器诞生了。Python 崇尚优美、清晰、简单的语言风格，是一种优秀并广泛使用的语言。Python 语言上手非常快，类似自然语言的语法，非专业人员也可以轻松使用。伴随着大数据和人工智能的兴起，Python 凭借它扩展性强、第三方程序库丰富和免费开源等特点，在数据挖掘、人工智能等领域有着很大优势，前景非常值得期待。

7.1 Python 语言与编程环境

7.1.1 Python 语言简介

Python 语言是一种面向对象、解释型、弱类型的脚本语言，也是一种功能强大而完善的通用型语言，既可用于开发桌面应用，也可用于网络编程等。相比其他编程语言（如 C++、Java 等），Python 语言简单、容易上手，使用 Java 需要 100 行的代码，使用 Python 可能仅需 20 行，这是 Python 的一大优点。Python 语言的第二个优点是拥有强大的程序库，包含 I/O、GUI、网络编程、数据库访问和文本操作等各种应用场景。Python 语言的第三个优点是具有非常强的跨平台能力，许多操作系统都有相应的 Python 解释器。

但 Python 语言的缺点是运行速度慢，比 Java、C、C++ 等编程语言的运行效率都低。另外，Python 直接运行源程序，因此不方便对源代码进行加密。

7.1.2 Python 的软件版本

Guido van Rossum 从 1989 年开始编写 Python 解释器，并在 1991 年成功开发了第一个 Python 解释器。Python 1.0 则在 3 年后的 1994 年发布。Python 2.0 于 2000 年 10 月发布，稳定版本是 Python 2.7。Python 3.0 于 2008 年 12 月发布，是一次重大的升级，为避免历史版本的包袱。但 Python 3.0 不完全兼容 Python 2.x，这导致在很长时间内 Python 2.x 的用户不愿意升级到 Python 3.0。但大势所趋，毕竟 Python 3.x 更简洁、更方便，绝大多数的用户已经从 Python 2.x 迁移到 Python 3.x。Python 3.x 的版本历程如下：

2009 年 6 月,Python 发布了 Python 3.1 版本。
2011 年 2 月,Python 发布了 Python 3.2 版本。
2012 年 9 月,Python 发布了 Python 3.3 版本。
2014 年 3 月,Python 发布了 Python 3.4 版本。
2015 年 9 月,Python 发布了 Python 3.5 版本。
2016 年 12 月,Python 发布了 Python 3.6 版本。
2018 年 6 月,Python 发布了 Python 3.7 版本。
2019 年 10 月,Python 发布了 Python 3.8 版本。

7.1.3 Python 编程环境的安装(以 Windows 系统为例)

Python 已经被移植到 Windows、Mac、Linux 等主流操作系统上,可以根据需要为这些平台安装 Python。在 Mac 和 Linux 系统中,默认已经安装了 Python,如果需要安装其他版本的 Python,可以登录 Python 官网,找到相应系统的 Python 安装文件进行安装。在 Windows 平台中,安装 Python 开发环境的方法也不止一种。其中最受欢迎的有两种,第一种是通过 Python 官网下载对应系统版本的 Python 安装程序,第二种则是通过 Anaconda。

1. 使用 Python 安装程序

具体安装步骤如下:

(1)访问 Python 官网,选择 Windows 平台下的安装包下载。

(2)先确认自己的操作系统是 32 位还是 64 位,再选择相应的 Python 版本下载。下载完成后便可以开始安装,如图 7-1 所示(不同版本的安装界面可能有差异)。

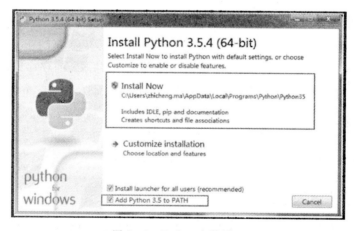

图 7-1 Python 安装界面

(3)选择第一种安装方式,并且勾选 Add Python 3.5 to PATH 选项,让安装程序自动将 Python 配置到环境变量中,不再需要手动添加环境变量。

(4)安装完成后,需要验证 Python 是否已经安装成功。打开命令提示符界面,输入"Python",在命令提示符界面输出了 Python 的版本信息等,说明 Python 已经安装成功。

2. 使用 Anaconda

Anaconda 是一个基于 Python 的数据处理和科学计算平台。在安装 Anaconda 时预先集成了 Numpy、SciPy、pandas、scikit – learn、Matplotlib 等数据分析常用的库。安装了 Anaconda,就相当于把 Python 和一些常用的库都安装好了。Anaconda 具有以下优点:

(1)省时省心。在普通 Python 环境中,经常会遇到安装工具包时出现关于版本或者依赖包的一些错误提示。但是在 Anaconda 中,这种问题极少存在。Anaconda 通过管理工具包、开发环境、Python 版本,大大简化了工作流程,不仅可以方便地安装、更新、卸载工具包,而且在安装时还可以自动安装相应的依赖包。

(2)数据分析功能强大。Anaconda 是适用于企业级大数据的 Python 工具,其包含了众多与数据科学相关的开源包,涉及数据可视化、机器学习、深度学习等多个方面。

Anaconda 是目前最方便的 Python 模块管理工具和集成式开发平台,搭载了很多常用的软件包,除 Python 之外,还包括 Conda、JupyterLab、Jupyter Notebook 和 Spyder 等常用工具。一旦安装了 Anaconda,便不再需要去考虑环境配置、工具包依赖等琐事,只要下载安装对应操作系统以及 Python 解释器版本的程序包,便可以一次性获得几百种用于科学和工程计算相关任务的 Python 工具包的支持,因此 Anaconda 也被称为"Python 全家桶"。

安装 Anaconda 的步骤如下:

(1)从 https://www.anaconda.com/distribution/#windows 中下载相应 Python 版本的 Windows 版安装包,也可以从清华大学开源软件镜像站下载安装包(尽量选择最新的版本,网址为 https://mirrors.tuna.tsinghua.edu.cn/anaconda/archive/)。

(2)运行安装包,根据安装向导的提示逐步进行。需要注意的是,在指定的安装路径中不能包含空格或中文字符。

(3)检查 Anaconda 是否成功安装。安装完成后,打开命令行工具 Anaconda Prompt,输入"conda –-version"命令并按回车键,如果得到相应的版本号,就说明安装成功了,如图 7 – 2 所示。

图 7 – 2 显示 conda 版本号

如果 conda 的版本比较旧,那么可以输入"conda update conda"命令来更新 conda,如图 7 – 3 所示。

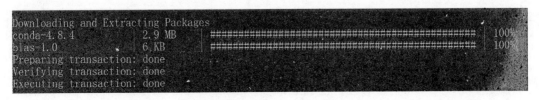

图 7 – 3 更新 conda 版本

（4）Anaconda Navigator 的主界面如图 7-4 所示。

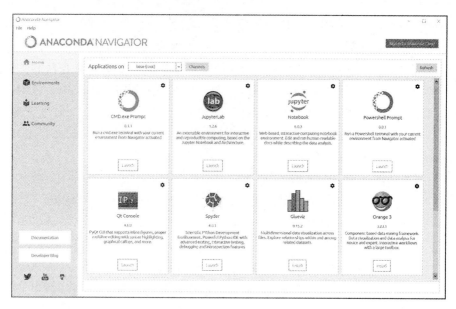

图 7-4　Anaconda Navigator 主界面

（5）配置 Anaconda 的环境变量。比如安装路径为"D:\Anaconda3"，那么在安装完成后，要在系统环境变量 path 中添加"D:\Anaconda3""D:\Anaconda3\Scripts"和"D:\Anaconda3\Library\bin"3 个路径。

（6）增加国内镜像源。在 Anaconda Navigator 主界面上点击左侧的 Home 栏，然后点击 Channels 按钮，之后点击右上角的 Add 按钮，就可以添加了，如图所示 7-5 所示。再加入清华大学的源（网址为 https://mirrors.tuna.tsinghua.edu.cn/anaconda/pkgs/free/）即可。

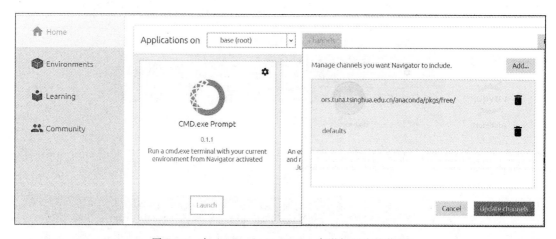

图 7-5　在 Anaconda Navigator 中增加国内镜像源

（7）创建一个 conda 环境（可选）。例如，输入"conda create - n tensorflow pip python=3.8"可以创建一个名为 tensorflow 的 conda 环境，如图 7-6 所示。

```
Downloading and Extracting Packages
python-3.8.5         | 15.7 MB  | ############################### | 100%
setuptools-49.6.0    | 763 KB   | ############################### | 100%
pip-20.2.2           | 1.8 MB   | ############################### | 100%
openssl-1.1.1g       | 4.8 MB   | ############################### | 100%
Preparing transaction: done
Verifying transaction: done
Executing transaction: done
#
# To activate this environment, use
#
#     $ conda activate tensorflow
#
# To deactivate an active environment, use
#
#     $ conda deactivate
```

图 7-6　创建 conda 环境

(8) 查看已安装 conda 环境(可选)。输入"conda info -- envs"可以查看目前安装了哪些 conda 环境,如图 7-7 所示。

```
(tensorflow) C:\Windows\system32>conda info --envs
# conda environments:
#
base                       d:\Anaconda3
tensorflow              *  d:\Anaconda3\envs\tensorflow
```

图 7-7　查看是否成功添加了环境 tensorflow

(9) 激活指定 conda 环境(可选)。例如,输入"activatetensorflow"可以激活一个名为 tensorflow 的 conda 环境,如图 7-8 所示。

```
(base) C:\Windows\system32>activate tensorflow

(tensorflow) C:\Windows\system32>
```

图 7-8　激活 TensorFlow

3. Python 的集成开发环境简介

集成开发环境(Integrated Development Environment,IDE)是专用于软件开发的程序。顾名思义,IDE 集成了几款专门为软件开发而设计的工具。这些工具通常包括代码编辑器和构建、执行、调试等工具。Python 常用的 IDE 有 PyCharm、JupyterLab 和 Spyder。

PyCharm 是一个专门面向 Python 的全功能集成开发环境,拥有付费版(专业版)和免费开源版(社区版)。PyCharm 不论是在 Windows、Mac OS X 系统中,还是在 Linux 系统中都支持快速安装和使用。PyCharm 直接支持 Python 开发环境,打开一个新文件后就可以开始编写代码,可以在 PyCharm 中直接运行和调试 Python 程序,并且支持源代码管理和项目管理。

JupyterLab 是目前比较流行的 Python 集成开发环境,是一款基于浏览器的笔记本风格的解释器环境。它以网页的形式打开,可以在网页中直接编写和运行代码,并直接显示代码的运行结果(包括图形)。JupyterLab 的用途包括数据清洗和转换、数值模拟、统计建模、数据可视化、机器学习等。在安装 Anaconda 的同时,JupyterLab 就会自动附带。

Spyder 是一款为数据科学工作流做了优化的开源 Python 集成开发环境,它附在 Anaconda 软件包管理器发行版中。Spyder 的目标受众是使用 Python 的数据科学家,它很好的集成了一些诸如 SciPy、NumPy 和 Matplotlib 这样的公共 Python 数据科学库。Spyder 具有代码编辑、分析、调试功能以及数据探索、交互式执行、深度检查和科学包的可视化功能,为从事数据科学研究的用户带来了很大的便利。

7.2 Python 数据类型与运算符

7.2.1 数据类型

1. 变量

Python 是弱类型语言。弱类型语言有两个特点:①变量无须声明可直接赋值,对一个不存在的变量赋值相当于定义一个新变量;②变量的类型可以动态改变。

以下几个例子介绍了 Python 变量的典型使用形式。

【例 7.1】

a=9
print(a)
a="hello"
print(a)

【运行结果】

9
Hello

【说明】

如果需要查看变量的类型,可以使用函数 type()。

【例 7.2】

a=9
print(type(a))
a="hello"
print(type(a))

【运行结果】

<class 'int'>
<class 'str'>

【说明】

变量的命名必须符合标识符的命名规则:
(1)由字母、数字和下划线组成。
(2)不能以数字开头。

(3) 不能是 Python 语言的关键字。

2. 整型数据

整型数据没有溢出概念，也没有 long、int、short 之分，可以处理很大的整型数据，也可以处理很小的整型数据。

【例 7.3】

a=9

print(type(a))

a=9999999999999999999999999

print(type(a))

【运行结果】

<class 'int'>

<class 'int'>

【说明】

整型常量有 4 种表示形式：

(1) 十进制：最常见的一种表示形式，如 5,66,99 999。

(2) 二进制：以 0b 或 0B 开头的整数是二进制形式的整数。

(3) 八进制：以 0o 或 0O 开头的整数是八进制的整数。

(4) 十六进制：0x 或 0X 开头的整数是十六进制的整数。

3. 浮点型数据

浮点型数据是指包含小数点的实数，常量有两种表示形式：

(1) 小数形式：如 3.4,7.8,989.567 等；

(2) 科学计数形式：3.45e3（表示 $3.45×10^3$）,1.23E−2（表示 $1.23×10^{-2}$）。

4. 字符串型数据

字符串是由零到多个字符组成，可以由一对双引号或一对单引号括起来，例如"Hello"'你好'等。

5. 字节型数据

字节型(bytes)数据由多个字节组成，是字节的序列，以字节为单位进行操作。字节型和字符串型相比，除了操作的单元不同之外，它们所支持的方法基本相同。字符串型与字节型可以相互转换。

将字符串转换成字节型对象有三种方法：

(1) 如果字符串内容教师 ASCII 字符，可以通过在字符串前添加 b 来构建。

(2) 调用 bytes()函数（即 bytes 的构造方法）。

(3) 调用字符串自己的 encode()方法，如果不指定字符集，默认使用 UTF−8 字符集。

【例 7.4】

b1=bytes()　　♯创建空的 bytes

b2=b''

b3=b'ABCDE'

print(b3)

```
print(b3[0])
print(b3[2:4])
b4=bytes('你好,python 程序',encoding='utf-8')
print(b4)
b5="你好,python 程序".encode('utf-8')
print(b5)
```

【运行结果】

b'ABCDE'

65

b'CD'

b'\xe4\xbd\xa0\xe5\xa5\xbd\xef\xbc\x8cpython\xe7\xa8\x8b\xe5\xba\x8f'

b'\xe4\xbd\xa0\xe5\xa5\xbd\xef\xbc\x8cpython\xe7\xa8\x8b\xe5\xba\x8f'

7.2.2 运算符

Python 中的运算符包括以下几种：

(1)赋值运算符：＝

(2)算术运算符：＋、－、＊、/、％

(3)位运算符：&、|、^、~、<<、>>

(4)索引运算符：[ ]

(5)比较运算符：>、<、<=、>=、==、!=

(6)逻辑运算符：与(and)、或(or)、非(not)

(7)字符串拼接运算符：＋

7.3 Python 流程控制

Python 语言有 3 种流程控制结构，分别是顺序结构、选择结构和循环结构。顺序结构是指程序从上向下依次执行每条语句的结构，中间没有任何的判断和跳转，前文的示例代码都采用了顺序结构。选择结构是根据条件判断的结果来选择执行不同的代码，可以分为单分支结构、双分支结构和多分支结构。循环结构是根据条件来重复地执行某段代码或遍历集合中的元素。

7.3.1 顺序结构

Python 语言使用缩进来区分代码块。缩进就是每行代码行首的空白，通过缩进的数量 Python 解释器就能够区分出不同代码块的层次。同一层次的语句必须有相同的缩进，每一组这样的语句称为一个"块"。通过流程控制语句与缩进，就能够实现在不同条件下执行对应的代码以完成业务逻辑的目的。

缩进可以用 2 个空格、4 个空格或 1 个 Tab 来实现，但是不能够混用。在开发中，一般不直接使用空格来控制代码的缩进，而是统一使用 Tab 键来实现代码的缩进。在使用他人的代码时更要格外注意由缩进引发的问题。

7.3.2 选择结构

Python 语言提供了 if 语句来实现选择结构。if 语句共有 3 种不同的形式,分别是单分支结构、双分支结构和多分支结构,必要时可采用嵌套 if 结构。

1. 使用 if 语句实现单分支结构

【语法】

if 表达式:
  语句块

【说明】

(1) if 是 Python 关键字。
(2) if 关键字与表达式之间要以空格分隔开。
(3) 表达式后面要使用冒号(:)来表示满足此条件后要执行的语句块。
(4) 表达式是布尔类型的,其结果为 True 或 False。
(5) if 语句与语句块之间使用缩进来区分层级关系。

【例 7.5】

```
a=input("输入你的年龄:")
age=int(a)
if age>=6:
    print("你的年龄已经满6周岁,可以上小学")
```

【运行结果】

输入你的年龄:7
你的年龄已经满6周岁,可以上小学

2. 使用 if 语句实现双分支结构

【语法】

if 表达式:
  语句块 1
else:
  语句块 2

【说明】

当表达式为真时,执行语句块 1;当表达式为假时,执行语句块 2。

【例 7.6】

```
a=input("输入你的年龄:")
age=int(a)
if age>=6:
    print("你的年龄已经满6周岁,可以上小学")
else:
    print("未满6周岁,不能上小学")
```

【运行结果】

输入你的年龄:5
未满6周岁,不能上小学

输入你的年龄:7
你的年龄已经满6周岁,可以上小学

3. 使用 if 语句实现多分支结构

当条件判断有多个选择时,需要使用多分支 if 语句解决。

【语法】

if 表达式 1:
  语句块 1
elif 表达式 2:
  语句块 2
else:
  语句块 3

【说明】

(1)elif 语句可以有多个,else 语句可以没有或者最多只能有一个。
(2)不论多分支 if 语句中有多少个条件表达式,只会执行符合条件表达式后面的语句。
(3)如果没有符合条件的表达式,则执行 else 子句中的语句。

【例 7.7】

```
sale = 6000
if sale <= 5000:
    print("无提成")
elif sale <= 10000:
    print("最高提成 10%")
elif sale <= 50000:
    print("最高提成 20%")
else:
    print("最高提成 30%")
```

【运行结果】

最高提成 10%

4. 嵌套 if 语句

在 if 控制语句中又包含一个或多个 if 控制语句,称为嵌套 if 语句。嵌套 if 语句可以通过外层语句和内层语句的协作,增强程序的灵活性。

【语法】

if 表达式 1:
  if 表达式 2:
    语句块 1
  else:
    语句块 2
else:
  if 表达式 3:
    语句块 3
  else:
    语句块 4

【说明】

嵌套 if 控制语句的执行步骤如下。

(1) 对表达式 1 进行判断。

(2) 如果表达式 1 的结果为 True,对表达式 2 进行判断,如果表达式 2 的结果为 True,则执行语句 1,否则,执行语句 2。

(3) 如果表达式 1 的结果为 False,对表达式 3 进行判断,如果表达式 3 的结果为 True,则执行语句 3,否则,执行语句 4。

【例 7.8】

```
day=6
temp=31
weather="天气好"
if day==6 or day==7:
    if temp>30:
        print("游泳")
    else:
        print("爬山")
else:
    if weather=="天气好":
        print("去客户单位谈业务")
    else:
        print("在公司上网查资料")
```

【运行结果】

游泳

7.3.3 循环结构

循环结构可以帮助开发者完成繁重的重复性计算任务,并简化程序编码。Python 语言提供了 while 语句、for 语句来实现循环结构。循环语句的主要作用是反复执行一段代码,直到满足一定的条件为止。在 Python 中 while 循环和 for 循环有着不同的使用场景。

1. while 循环

while 循环可以分成初始部分、循环体和循环条件 3 个部分。

(1)初始部分:设置循环的初始状态。

(2)循环体:重复执行的代码。

(3)循环条件:判断是否继续循环的条件,例如,使用"i<100"来判断循环次数是否已经达到 100 次。

【语法】

```
变量初始化
while 循环条件:
    循环体
```

【说明】

(1)关键字 while 后的内容是循环条件。

(2)循环条件是一个布尔表达式,其值为布尔类型"真"或"假"。
(3)冒号后的语句统称为循环体,又称循环操作。
(4)while 循环的执行步骤如下:
1)首先对循环条件进行判断,如果结果为真,则执行循环体。
2)执行完毕后继续对循环条件进行判断,如果结果为真,继续执行。
3)如果结果为假,则跳过循环体,执行后面的语句。

【例 7.9】
```
i=1
while i<=10:
    print(i)
    i=i+1
```

【运行结果】
1
2
3
4
5
6
7
8
9
10

2. for 循环

for 循环用来遍历数据集合或迭代器中的元素,例如,遍历一个列表或一个字符串中的元素。

【语法】
for 循环变量 in 序列表达式:
    循环体

【说明】
(1)for 循环以关键字 for 开头。
(2)循环变量和序列表达式之间使用关键字 in 连接。
(3)当执行 for 循环时,序列表达式中的元素会依次赋值给循环变量。
(4)在循环体中操作循环变量实现遍历序列表达式的目的。
(5)for 循环的执行步骤如下:
1)尝试从序列表达式中获取第一个元素。
2)如果能获取到元素,将获取到的元素赋值给循环变量,之后执行循环体代码。
3)然后从序列表达式中获取下一个元素。
4)如果能获取到元素,将获取到的元素赋值给循环变量,之后执行循环体代码。如果无法从序列表达式中获取新的元素,则终止循环,执行 for 循环后面的语句。

【例 7.10】

ran=range(10)

ls=[2 * x for x in ran]

print(ls)

【运行结果】

[0, 2, 4, 6, 8, 10, 12, 14, 16, 18]

3. 多重循环

多重循环是指在循环语句的循环体中又出现循环语句。

【语法】

while 循环条件 1：

  循环语句 1

  for 循环变量 in 序列表达式：

循环语句 2

【说明】

(1)这是由 while 循环和 for 循环嵌套构造而成的二重循环，其中 while 循环称为外层循环，for 循环称为内层循环，同理可以构造三重循环、四重循环等。

(2)该循环的执行过程是，外层 while 循环每循环一次，内层 for 循环从头到尾完整地执行一遍。

4. 循环跳转语句

在实际开发中，循环语句并不一定按照循环条件完成所有内容的遍历，经常会遇到改变循环流程的需求。开发者可以使用循环跳转语句达到这种效果。Python 语言支持 break 和 continue 两种跳转语句。

break 语句的作用是终止当前循环的执行，然后执行循环后面的语句。break 语句只对当前循环有效。在多重循环的内循环中使用 break 语句，只会终止内层循环语句的执行，不会终止外层循环语句的执行。

【例 7.11】

```
for i in range(1,11):      ♯输出数字 1~10
    if i%3 == 0 and i! = 3:    ♯若遇到 3 的倍数(不包括 3)程序自动退出
        break
    print(i,end=" ")
print("循环结束")
```

【运行结果】

1 2 3 4 5 循环结束

continue 语句的作用是强制一个循环提前返回，让循环跳过本次循环剩余代码，然后开始下一次循环。continue 语句只能使用在 while 循环或 for 循环中。

【例 7.12】

```
for i in range(1,11):
    if i % 4 == 0:
        continue
```

```
    print(i, end=" ")
print("循环结束")
```
【运行结果】

1 2 3 5 6 7 9 10 循环结束

7.4　Python 函 数

在 Python 语言中,函数是一组相关联的、能够完成特定任务的语句模块,分内置函数和用户自定义函数两类。内置函数是系统自带的函数,开发者只要按照接口调用即可。自定义函数是第三方或开发者自行开发的函数。

在代码中灵活地使用函数能够提高应用的模块化和代码的重复利用率。在使用函数时,通过参数列表将参数传入函数中,执行函数中的代码后,执行结果将通过返回值返回给调用函数的代码。

7.4.1　函数定义

Python 的函数由函数头和函数体组成。

【语法】

```
def func_name(参数列表):
    函数体
    [return 函数返回值]
```

【说明】

在 Python 中定义函数使用关键字 def,其后紧接函数名。函数名一般用小写英文单词定义,单词与单词之间使用"_"连接,函数名最好能够体现函数的功能。函数名后的小括号里定义函数的参数列表,小括号后面使用":"表示接下来的内容是函数体。在定义函数体时要使用缩进来区分代码间的层级关系,并根据实际的代码逻辑决定函数是否需要返回值。

【例 7.13】

下面是一个简单的自定义函数:

```
def aFun(msg):
    print("::",msg)
    return
```

【说明】

函数定义时的参数称为形式参数(简称"形参"),而被调用时传递给函数的实际数据值称为实际参数(简称"实参")。实参是变化的,形参是不变的。假如函数有多个形参,则用逗号隔开。形参不需要说明参数类型的。形参表可以为空,表示此函数是个无参函数。

7.4.2　函数调用

调用函数就是使用函数,在 Python 程序中,在定义一个函数后,就相当于给了函数一个名称,指定了函数里包含的参数和代码块结构。完成这个函数的基本结构定义工作后,就可以通过调用的方式来执行这个函数,也就是使用这个函数。

一般把调用其他函数的函数称为调用函数(或主调函数),被调用的函数称为被调函数。

一个函数既可以是主调函数,也可以是被调函数。要调用指定的函数,就在语句中使用函数名,并且在函数名之后用圆括号将调用参数括起来,而多个参数之间则用逗号隔开。

内置函数是 Python 已经编写好了函数,开发者只须直接调用即可。本章前面已经多次用到了输入函数 input()和输出函数 print(),在使用这两个函数时,就是在调用 Python 的内置函数 input()和 print()的过程。

与内置函数相对应的就是自定义函数。调用自定义函数与调用内置函数及标准库中的函数方法是相同的。调用自定义函数与内置函数的不同点在于,在调用自定义函数前必须先声明函数。下面的实例演示了定义并使用自定义函数的过程。

【例 7.14】 实现功能:计算元组内元素的和。

程序如下:

```
def tpl_sum( T ):          #定义函数 tpl_sum()
    result = 0             #定义 result 的初始值为 0
    for i in T:            #遍历 T 中的每一个元素 i
        result += i        #计算各个元素 i 的和
    return result          #函数 tpl_sum()最终返回计算的和
print("(1,2,3,4)元组中元素的和为:",tpl_sum((1,2,3,4)))
print("[3,4,5,6]列表中元素的和为:",tpl_sum([3,4,5,6]))
print("[2.7,2,5.8]列表中元素的和为:",tpl_sum([2.7,2,5.8]))
print("[1,2,2.4]列表中元素的和为:",tpl_sum([1,2,2.4]))
```

【运行结果】

(1,2,3,4)元组中元素的和为:10
[3,4,5,6]列表中元素的和为:18
[2.7,2,5.8]列表中元素的和为:10.5
[1,2,2.4]列表中元素的和为:5.4

【说明】

在上述代码中定义了函数 tpl_sum(),该函数的功能是计算元组内元素的和。然后在最后的 4 行代码中分别调用了 4 次函数,并且这 4 次调用的参数不一样。

7.4.3　无参函数

无参函数就是参数列表为空的函数。如果函数在调用时不需要向函数内部传递参数,就可以使用无参函数。

【例 7.15】 实现功能:使用无参函数打印边长为 4 的等边三角形。

程序如下:

```
def print_triangle():
    n = 4
    for line in range(n):        #外层循环,实现打印 4 行字符串
        #打印每行第一个 * 号前的空格,用来对齐 * 号
        for space_count in range(n - line - 1):
            print(" ",end="")    #空格数随层数递减
        for start in range(line + 1):   #打印每一行的 * 号, * 号个数随层数递增
            print(" * ",end="")
```

```
        print()    # 换行
print_triangle()
```

【运行结果】

```
*
* *
* * *
* * * *
```

【说明】

本例使用了循环嵌套。因为 print() 方法每次执行后都默认以换行结束,需要设置其结束符为空字符串。完成函数定义后,使用 print_triangle() 就能够调用函数,执行函数中的代码。因为 print_triangle() 函数是无参函数,所以在小括号中不需要填写任何参数就能执行。需要注意的是,函数必须先定义再使用,因为 Python 代码是自上而下顺序执行的,所以在调用函数前函数必须是已定义的。

7.4.4 有参函数

在许多场合中需要在调用函数时向函数传递数据,此时定义的函数就是有参函数。

【语法】

```
def  func_name(arg1,arg2,arg3):
    函数体
```

【说明】

arg1、arg2、arg3 就是函数的参数,参数与变量一样尽量取有意义的名字。在定义位置参数时,每个参数以","分隔。在调用函数时,在小括号中直接填写要传给函数参数的值。须按照定义时的顺序来写,才能将值正确地传递给对应的参数。

【例 7.16】 实现功能:使用有参函数打印边长为 n 的等边三角形,n 通过函数的参数传递。

```
def print_triangle(n):
    for line in range(n):
        for space_count in range(n - line - 1):
            print(" ",end="")
        for start in range(line + 1):
            print("* ",end='')
        print()
print_triangle(6)
```

【运行结果】

```
     *
    * *
   * * *
  * * * *
 * * * * *
* * * * * *
```

【说明】

本例中的函数 print_triangle 只有 1 个参数，所以调用时不存在传值顺序的问题。当在函数中定义了多个参数时，调用时要注意传入参数的顺序。

7.4.5 函数的返回值

通过使用返回值，可以让开发者将程序的大部分工作移到函数中去完成，从而简化主程序的代码量。在 Python 程序中，函数可以使用 return 语句将值返回到调用函数的代码行，return 关键字后面接的是该函数的返回值，返回值可以是任意类型。执行 return 语句之后，意味着函数已经执行完成了，return 后面的语句不会再执行。return 关键字后面也可以没有任何数值，表示终止函数的执行。在一个函数中可以存在多个 return 语句，这些 return 语句表示在不同的条件下终止函数执行并返回对应的数值。需要注意的是函数也可以没有返回值，return 语句对于函数并不是必需的。

【语法】

```
def func_name(参数列表)：
    函数体
    [return [函数返回值]]
```

【例 7.17】

```
def get_name(first_name, last_name)：
    full_name = first_name + ' ' + last_name
    return full_name
aName = get_name('学习', '强国')    # 调用函数 get_name()
print(aName)         # 显示两个参数的内容
```

【运行结果】

学习 强国

【说明】

在定义函数 get_name() 时，通过形参接受字符串"first_name"和"last_name"，然后将它们连接成为 1 个字符串，中间加入一个空格，将结果存储在变量 full_name 中，并将结果返回到函数调用行。在调用带返回值的函数时，需要提供一个变量，用于存储返回的值。在本例中，将返回值存储在了变量 aName 中。

7.5 Python 模块

在开发过程中，通常开发者不会将所有的代码放到一个文件中，而是将功能相近的类或函数放到一起，这样代码结构清晰，管理维护方便。在 Python 中使用模块来管理代码，事实上一个 Python 文件（一个以.py 结尾的文件）就是一个模块。在模块中可以定义函数、类和变量，甚至可以包含可执行代码。

7.5.1 导入模块

Python 的模块分为内置模块和第三方模块。内置模块只要安装了 Python 就可以使用，第三方模块则需要进行另外安装。使用 Anaconda 能够非常便捷地管理、安装第三方模块。

当在代码文件中调用其他模块的代码时,首先要确保该模块已经安装,然后使用 import 关键字导入模块。模块导入后就可以调用其中的类或函数了。

【语法】

import 模块名

【例 7.18】

```
import random
random_int = random.randint(0,99)    #生成一个0～99的整数,包含0和99
print("生成的随机数是:",random_int)
```

【运行结果】

生成的随机数是:98

【说明】

本例中导入了 Python 内置的 random 随机数模块。random 模块中的 randint(a,b)方法可用于生成一个大于或等于参数 a、小于或等于参数 b 的整数。使用 import 关键字导入 random 模块后,即可以"模块名.方法()"的方式调用模块中的方法。该调用方式可以达到调用模块中所有类或方法的目的。

【语法】

from 模块名　import　方法名或类名

【例 7.19】

```
from random import randint
random_int = randint(0,99)     #生成一个0～99的整数,包含0和99
print("生成的随机数是:", random_int)
```

【运行结果】

生成的随机数是:88

【说明】

Python 允许有针对性地导入模块的某一部分,这样在调用方法时会显得更加简洁。

7.5.2　创建模块

1.相同文件夹下的模块

在 Python 中,一个.py 文件就是一个模块,文件名就是模块的名字。如果调用者和被调用者处于同一文件夹下,使用关键字 import 加文件名即可导入模块。

【例 7.20】

(1)程序文件 calculate.py 的代码:

```
def add(*args):
    result = 0
    for item in args:
        result += item
    return result
```

(2)程序文件 main.py 的代码:

```
import calculate
print(calculate.add(1,2))
```

【运行结果】

3

【说明】

在本例中,因为 calculate.py 和 main.py 两个文件位于同一文件夹下,因此在 main.py 中可以直接导入 calculate 模块。

2. 不同文件夹下的模块

为了更好地组织模块,通常会将多个功能相近或有关联的模块放在一个包中。包就是 Python 模块文件所在的目录,文件夹名就是包名。在使用包时,文件夹下必须存在一个 _init_.py 文件(文件内容可以为空),用于标识当前文件夹是一个包,如果缺少了这个文件,文件夹外的文件将无法导入文件中的模块。其他文件夹下的文件导入包中模块时的语法如下。

【语法】

import 包名.模块名

【例 7.21】 创建一个 myutils 包,将 calculate 模块移到这个包下,在 main.py 中调用 calculate 模块中的 add() 函数。

(1) 程序文件 calculate.py 的代码:

```
def add( * args):
    result = 0
    for item in args:
        result += item
    return result
```

(2) 程序文件 main.py 的代码:

```
import math_utils.calculate
print(math_utils.calculate.add(1,2))
```

【运行结果】

3

【说明】

在 myutils 文件夹下必须有 _init_.py 文件,包中的模块才能够被文件夹外的代码引用。

第 8 章 机器学习

机器学习已经广泛应用于数据挖掘、计算机视觉、搜索引擎、电子商务、金融市场分析、信用卡欺诈检测、量化投资、语音和手写识别、自然语言处理、生物特征识别、医学诊断、自动驾驶和机器人等领域,机器学习技术的进步促进了人工智能在各个领域的发展。

8.1 机器学习的概念

机器学习(Machine Learning,ML)是一门多领域的交叉学科,涉及概率论、统计学、线性代数、算法等多门学科。它专门研究计算机如何模拟和学习人的行为,以获取新的知识或技能,重新组织已有的知识结构使之不断完善自身的性能。机器学习主要的理论基础涉及概率论、数理统计、线性代数、数学分析、数值逼近、最优化理论和计算复杂理论等学科,其核心要素是数据、算法和模型。

8.1.1 机器学习的发展阶段

机器学习的发展分为以下 4 个主要阶段。

1. 第一个阶段:20 世纪 50 年代中期至 60 年代中期

这个阶段研究的是"没有知识"的学习,其研究目标是各类自组织系统和自适应系统,主要研究方法是不断修改系统的控制参数以改进系统的执行能力,不涉及与具体任务有关的知识。这个阶段研究的理论基础是早在 20 世纪 40 年代就开始研究的神经网络模型。这个阶段的研究导致了模式识别这门新科学的诞生,同时形成了机器学习的两种重要方法,即判别函数法和进化学习。塞缪尔的下棋程序就是使用判别函数法的典型例子。不过,这种脱离知识的感知型学习系统具有很大的局限性。无论是神经模型、进化学习或是判别函数法,所取得的学习结果都很有限,远不能满足人们对机器学习系统的期望。

2. 第二个阶段:20 世纪 60 年代中期至 70 年代中期

这个阶段的研究目标是模拟人类的概念学习过程,采用逻辑结构或图结构作为机器内部描述。这个阶段提出了关于学习概念的各种假设,机器能够采用符号来描述概念,代表性工作有 Winston 的结构学习系统和 Hayes Roth 等人的归纳学习系统。虽然这类学习系统取得较大的成功,但只能学习单一概念,而且未能投入实际应用。此外,此时神经网络学习由于理论缺陷,未能达到预期效果。

3. 第三个阶段：20世纪70年代中期至80年代中期

在这个阶段，研究人员把机器学习从学习单个概念扩展到学习多个概念，探索了不同的学习策略和各种学习方法。机器的学习过程一般都建立在大规模的知识库上，实现知识强化学习。这个阶段已开始把学习系统与各种应用结合起来，并取得很大的成功，促进了机器学习的发展。在出现第一个专家学习系统之后，示例归约学习系统成为研究主流，自动知识获取成为机器学习的应用研究目标。1980年，在美国卡内基梅隆大学召开了第一届机器学习国际研讨会，标志着机器学习研究已在全世界兴起。1988年，国际杂志《机器学习》(Machine Learning)创刊，迎来了机器学习蓬勃发展的新时期。

4. 第四个阶段：1986年开始至今

在这个阶段，由于神经网络研究的重新兴起，对连接机制学习方法的研究方兴未艾，机器学习的研究已在全世界范围内出现新的高潮，对机器学习的基本理论和综合系统的研究得到加强和发展。2006年，Hinton发表了深度信念网络论文，Bengio等人发表了 $Greedy\ Layer\ -\ Wise\ Training\ of\ Deep\ Networks$ 论文，LeCun团队发表了 $Efficient\ Learning\ of\ Sparse\ Representations\ with\ an\ Energy\ -\ Based\ Model$ 论文，这些事件标志着人工智能正式进入了深度神经网络的实践阶段。同时，云计算和GPU并行计算为深度学习的发展提供了基础保障，特别是最近几年，机器学习在各个领域都取得了突飞猛进的发展。新的机器学习算法面临的主要问题更加复杂，机器学习的应用领域从广度向深度发展，这对模型训练和应用都提出了更高的要求。

8.1.2 机器学习的一般流程

机器学习的一般流程包括明确目标、收集数据、预处理数据、数据建模、模型训练与优化、模型应用等步骤。首先要从业务的角度分析，然后提取相关的数据进行探查，发现其中的问题，然后依据各算法的特点选择合适的模型进行实验验证，评估各模型的结果，最终选择合适的模型进行应用。

1. 明确目标

在实施一个机器学习项目之初，定义需求、明确目标、了解要解决的问题及目标涉及的范围等都非常重要，它们直接影响后续工作的质量甚至成败。明确要解决的问题和业务需求，才可能基于现有数据设计或选择算法。例如，在监督式学习中对定性问题可用分类算法，对定量分析可用回归方法。在无监督式学习中，如果有样本细分则可应用聚类算法，如需找出各数据项之间的内在联系，可应用关联分析。明确目标还包含需要了解目标的可行性，因为并不是所有问题都可以通过机器学习来解决。

2. 收集数据

可以使用很多方法收集样本数据，例如：用网络爬虫从网站上抽取数据、从Web应用程序的API中得到信息、读取设备发送过来的传感器数据。数据要有代表性并尽量覆盖领域，否则容易出现过拟合或欠拟合，影响模型的准确性。还要对数据的量级进行评估，包括样本量和特征数，判断训练过程中内存占用是否过大，决定是否需要改进算法，等等。

3. 数据预处理

数据预处理是指对所收集的数据进行分类或者分组前所做的审核、筛选、排序、转化及变形等必要的处理方法。在现实场景中,采集的数据并不能被计算机识别,或者用于训练效果不佳,从而出现数据缺失、数据分布不平衡、数据结构不合理、数据不可识别等多种情况。数据预处理在机器学习中非常重要,特别是在生产环境中的机器学习,数据往往是原始、未加工和处理过的,数据预处理常常占据整个机器学习过程的大部分时间。归一化、离散化、缺失值处理、去除共线性等,是机器学习的常用预处理方法。

4. 数据建模

数据建模是机器学习中的一个重要步骤,涉及模型的选型,根据不同的场景选择相应的模型(如回归、分类及聚类)。模型本身并没有优劣,在模型选择时,一般不存在对任何情况都表现很好的算法。因此,一般会用几种不同方法来进行模型训练,然后比较它们的性能,从中选择最优的一个。

5. 模型训练与优化

在选型完成后,通过数据对模型进行训练,模型训练的过程是通过数据对模型参数进行调整。训练模型前,一般会把数据集分为训练集和测试集,或对训练集再细分为训练集和验证集,从而对模型的泛化能力进行评估。在模型训练过程中,需使用测试数据对模型进行测试和评估,如果测试结果不理想,则分析原因并进行模型优化,如采用手工调节参数等方法。一般情况下,模型调整后需要重新训练和评估,所以机器学习的模型建立过程就是不断地尝试,并最终达到最优状态。

6. 模型应用

模型应用主要与工程实现的相关性比较大。工程上是结果导向,模型在线上运行的效果直接决定模型的好坏,不单纯包括其准确程度、误差等情况,还包括其运行的速度(时间复杂度)、资源消耗程度(空间复杂度)、稳定性是否可接受等方面。

8.1.3 机器学习的主要类别

机器学习主要有三大类别:监督学习(supervised learning)、无监督学习(unsupervised learning)和增强学习(reinforcement learning)。

1. 监督学习

监督学习是最常见的一种机器学习类型,其任务的特点就是给定学习目标,这个学习目标又称为标签、标注或实际值等,整个学习过程就是围绕如何使预测与目标更接近而来的。"监督"这个词意味着已经有标注好的已知数据集。监督学习的应用场景非常广泛,常见的垃圾邮件过滤、图片分类等都是适合它的领域,但其最大弱点就是需要大量标注数据,前期投入成本极高。

2. 无监督学习

监督学习的输入数据中有标签或目标值,但在实际生活中,有很多数据是没有标签的,或者标签代价很高。这些没有标签的数据也可能包含很重要的规则或信息,从这类数据中学习到一个规则或规律的过程被称为无监督学习。在无监督学习中,通过推断输入数据中的结构来建模,模型包括关联学习、降维、聚类等。相对于需要大量标注数据的监督学习,无监督学习无须标注数据就能达到某个目标。需要注意的是,并不是所有场景都适合采用无监督学习。

3. 增强学习

无论是监督学习还是无监督学习,其训练基础都来源于数据本身。而增强学习最大的特点就是需要与环境有某种互动关系,这也促使了人们在增强学习的研究中利用类似电子游戏的环境来模拟互动并进行 AI 训练。例如,DeepMind 在 2015 年提出的利用 DQN 学习 ATARI 游戏的操作,以及 OpenAI 的 Gym 等。增强学习的实现和应用场景比较特殊,尽管某些大型公司已经在推荐系统、动态定价等场景中尝试应用增强学习,但多数仍只限于实验性质。

8.2 常用的 Python 机器学习框架

1. TensorFlow

TensorFlow 由 Google Brain 团队开发,能将复杂的数据结构传输至人工智能神经网中进行分析和处理,可用于语音识别或图像识别等。它既可以运行在智能手机上,又可以运行在数据中心服务器上。TensorFlow 是开源的,任何人都可以将其集成到自己的应用中。

TensorFlow 的网站:https://tensorflow.org

GitHub 上的网址:https://github.com/tensorflow/tensorflow

2. Scikit-learn

Scikit-learn 简称 sklearn,最早由 David Cournapeau 在 2007 年发起,是 Python 语言中专门针对机器学习应用而发展起来的一款开源框架。该库构建在 NumPy 和 SciPy 库之上,基本功能主要有分类、回归、聚类、数据降维、模型选择和数据预处理 6 部分。Scikit-learn 不做机器学习领域之外的其他扩展,不采用未经广泛验证的算法,因而稳定、可靠,很多应用系统都对它进行了集成。

Scikit-learn 的网址:http://scikit-learn.org

GitHub 上的网址:https://github.com/scikit-learn/scikit-learn

3. Keras

Keras 是一个高层神经网络 API,采用 Python 编写而成,支持快速实验,能够把新想法迅速转换为结果。它基于 Tensorflow、Theano 及 CNTK 后端,可以进行快速的原型设计和快速试错,能够把使用者的想法迅速表达出来,支持卷积神经网络 CNN 和循环神经网络 RNN,并可对 CPU 和 GPU 无缝切换。如果有以下需求,可以优先选择 Keras:

(1)简易和快速的原型设计(keras 具有高度模块化、极简和可扩充特性)。

(2)支持 CNN 和 RNN,或二者的结合。

(3)无缝 CPU 和 GPU 切换。

Keras 的网站:http://keras.io

GitHub 上的网址:https://github.com/keras-team

4. PyTorch

PyTorch 是一个与 Python 深度集成,使用 GPU 和 CPU 优化的深度学习张量库。它具备两个高级特性,其中一个特性是张量计算且具有强大的 GPU 加速功能,另一个特性是构建在 tape-based 自动求导系统之上的深度神经网络。

PyTorch 的网站：https://pytorch.org

GitHub 上的网址：https://github.com/pytorch

5. Theano

Theano 是一个基于 Python，擅长处理多维数组的库。Theano 与其他深度学习库结合起来，十分适合数据探索。该库需要开发者从底层开始做许多工作来创建需要的模型。

Theano 的网站：http://www.deeplearning.net/software/theano

GitHub 上的网址：https://github.com/Theano

6. Gensim

Gensim 是一款开源的 Python 工具包，支持 TF-IDF、LSA、LDA 和 word2vec 等多种主题模型算法，支持流式训练，并提供了诸如相似度计算、信息检索等一些常用任务的 API 接口。

Gensim 的网站：https://radimrehurek.com/gensim

GitHub 上的网址：https://github.com/RaRe-Technologies/gensim

7. Caffe

Caffe 全称为 Convolutional Architecture for Fast Feature Embedding，是一个计算卷积神经网络 CNN 相关算法的框架，采用纯粹的 C++/CUDA 架构，支持命令行、Python 和 MATLAB 接口，可以在 CPU 和 GPU 之间无缝切换。

Caffe 的网站：http://caffe.berkeleyvision.org

GitHub 上的网址：https://github.com/BVLC/caffe

8. Chainer

Chainer 是基于 Python 的开源框架，通过直观灵活的方法实现一系列深度学习模型，如递归神经网络、变分自动编码器等。它提供了基于"动态计算图"的自动区分 API，以及用于构建和训练神经网络的面向对象的高级 API。它还使用 CuPy 支持 CUDA / cuDNN，以进行高性能的训练和推理。

Chainer 的网站：https://chainer.org

GitHub 上的网址：https://github.com/chainer/chainer

8.3 搭建机器学习实验环境

搭建机器学习实验环境并不复杂，其顺序如下：①安装编译语言 Python；②安装适用于 Python 的集成开发环境；③安装常用的库。

8.3.1 安装 Python

在本地机上安装并配置 Anaconda。从官网下载对应系统版本的 Anaconda。安装 Anaconda，将安装路径和 Scripts 路径添加至环境变量 path 中，最后增加国内镜像源，安装方法可参阅 7.1.3 节（以 Windows 系统为例）。

8.3.2 安装集成开发环境

Anaconda 在安装时默认会安装 JupyterLab、Jupyter Notebook 和 Spyder,进入 Anaconda Navigator 的主界面,可以看到这几个集成开发环境的图标,如图 8-1 所示。点击图标下方的 Launch 按钮即可启动。如果该 IDE 还未安装好,则其下方会显示 install 图标,点击该图标即可进行安装。开发者可以选择 JupyterLab、Jupyter Notebook 和 Spyder 的其中一款 IDE 进行后续的实验。

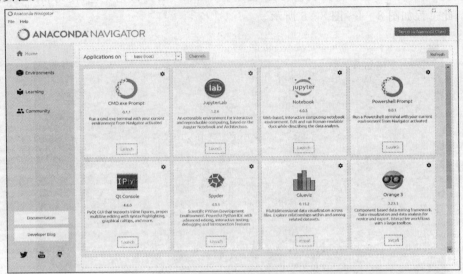

图 8-1 Anaconda Navigator 主界面

8.3.3 安装 sklearn、numpy、scipy 和 matplotlib 库

在安装时 Anaconda 默认会安装 sklearn、numpy、scipy 和 matplotlib 库。如果由于某种原因未预装的,则可以使用 pip 命令来对类库进行安装或更新。首先,从 Windows"开始"菜单运行"Anaconda Powershell Prompt",进入命令行窗口,如图 8-2 和图 8-3 所示。

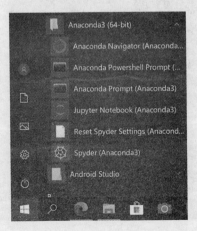

图 8-2 Anaconda Powershell Prompt 菜单顶

图 8-3　命令行窗口

然后使用 pip list 显示已安装包列表，使用 pip uninstall 卸载指定包，使用 pip install 安装指定包，此过程如图 8-4～图 8-6 所示。

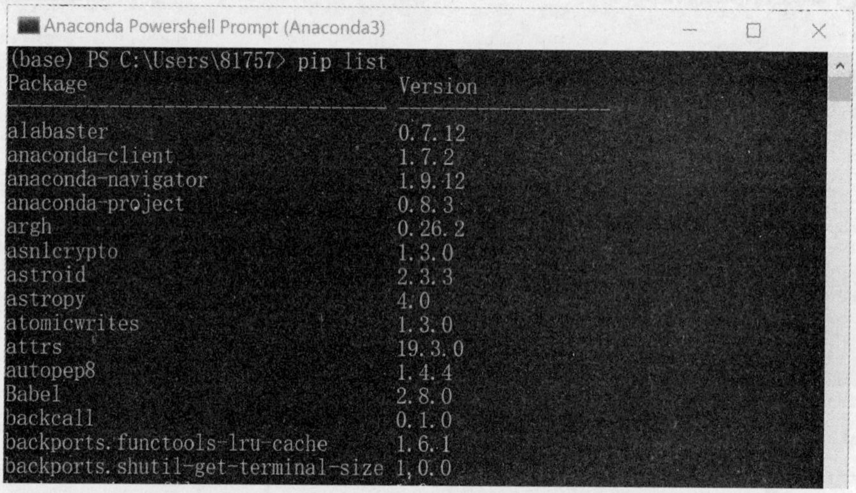

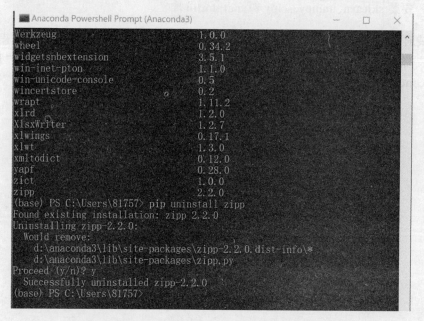

图 8-4　使用 pip list 显示已安装包列表

图 8-5　使用 pip uninstall 卸载包 zipp

使用命令 pip install zipp 安装包 zipp,如图 8-6 所示。

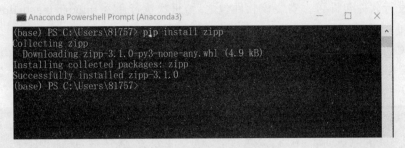

图 8-6 使用 pip install 安装包 zipp

安装 numpy,matplotlib,scipy 和 sklearn 库的命令如下:

(1)安装 numpy 的命令:

pip install numpy

(2)安装 matplotlib 的命令:

pip install matplotlib

(3)安装 scipy 的命令:

pip install scipy

(4)安装 sklearn 的命令:

pip install sklearn

8.3.4 安装 TensorFlow 和 Keras

1. 安装 TensorFlow

使用命令 pip install --ignore-installed --upgrade tensorflow-cpu 安装 TensorFlow 的纯 CPU 版本。

如果下载速度太慢,可使用命令 pip install --ignore-installed --upgrade tensorflow-cpu -i https://pypi.douban.com/simple,如图 8-7 所示。

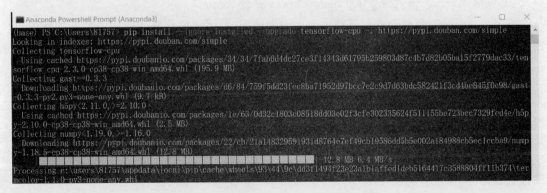

图 8-7 安装 TensorFlow 的纯 CPU 版本

依次输入命令 python、import tensorflow,验证 tensorflow 是否安装成功。

如果出现"tensorflow ImportError:DLL load failed:找不到指定的模块"的错误信息(见

图8-8),则是因为tensorflow缺少Visual C++的相关组件,只需下载和安装相应的Visual C++可再发行软件包即可。安装该软件包之后,再次执行命令import tensorflow将验证成功,如图8-9所示。

Visual C++可再发行软件包的网址为 https://support.microsoft.com/zh-cn/help/2977003/the-latest-supported-visual-c-downloads。

图8-8 执行import tensorflow出错

图8-9 执行import tensorflow验证成功

2. 安装Keras

在安装Keras之前,需要安装numpy、scipy和theano,其中numpy和scipy已经安装好了,接下来需安装theano。

(1)安装mingw和libpython。由于Theano需要mingw和libpython的支持,所以要先安装mingw和libpython。须以管理员身份打开Anaconda Prompt,输入命令conda install mingw libpython,然后等待mingw和libpython的安装完成,若出现"An HTTP error occurred when trying to retrieve this URL."的错误,一般情况下只需重新执行一下命令即可解决。

(2)安装Theano。输入命令pip install theano安装Theano。

(3)安装Keras。输入命令pip install keras安装Keras。

在安装keras时可能会遇到下载速度太慢的情况,原因一般是默认使用了国外的镜像包,由于特定问题导致安装缓慢。这时候可以使用国内的镜像,比如豆瓣的镜像,具体命令为

pip install keras -i https://pypi.douban.com/simple

8.3.5 相关类库简介

1. numpy简介

numpy是python科学计算中的一个基础包,其功能包括多维数组、高级数学函数(比如,线性代数运算、傅里叶变换等)等。例8.1介绍了numpy的典型用法。

【例8.1】

```
import numpy as np          #导入numpy并命名为np
x=np.array([[1,2,3],[4,5,6]])       #使用np.array构造一个数线,并保存到变量x中
print("x:\\n{}".format(x))     #输出打印x的值
```

【运行结果】

x:
[[1 2 3]
 [4 5 6]]

2. matplotlib 简介

matplotlib 是 python 的主要科学绘画图库,其功能是生成和显示可视化内容,如折线图、直方图、散点图等。例 8.2 介绍了 matplotlib 的典型用法。

【例 8.2】

import numpy as np
import matplotlib.pyplot as plt
x=np.linspace(-10,10,100)
y=np.sin(x)
plt.plot(x,y,marker="x")

【运行结果】

结果如图 8-10 所示。

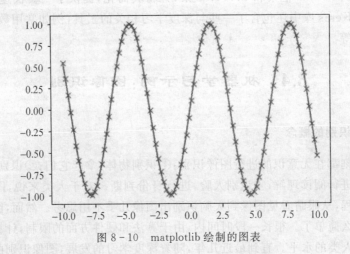

图 8-10 matplotlib 绘制的图表

【说明】

图表现在默认显示于绘图窗格上。要想让其也在中断行中显示,请在绘图窗格选项菜单中取消勾选"禁用行内绘图"。

3. scipy 简介

scipy 是 python 中用于科学计算的函数集合,它具有线性代数运算、数学函数优化、信号处理、特殊数学函数和统计分布等多项功能。scipy 中最重要的是 scipy.sparce,它可以使用稀疏矩阵。如果想保存一个大部分元素都是 0 的二维数组,就可以使用稀疏矩阵。例 8.3 介绍了 scipy 的典型用法。

【例 8.3】

import numpy as np
from scipy import sparse
eye=np.eye(4)

```
print("Numpy array:\\n{}".format(eye))
```

【运行结果】

Numpy array:
[[1. 0. 0. 0.]
 [0. 1. 0. 0.]
 [0. 0. 1. 0.]
 [0. 0. 0. 1.]]

4. sklearn 简介

sklearn 又称为 scikit-learn,是一个专注于机器学习任务的库。它包含很多常用的分类、回归和聚类算法,以及机器学习任务中常用的工具和经典的数据集。使用该库可以简单高效的进行数据预处理、数据分析和训练机器学习算法。该库为不同的算法提供了统一的训练和预测接口,非常方便用户上手。

5. Keras 简介

Keras 是一个专注于深度学习的库。它建立在一些更加复杂的深度学习框架之上,例如 TensorFlow 框架、Theano 框架和 CNTK 框架,并将其简化,提供了一套快速、便捷地构建神经网络的方法。Keras 库中还包含了一些与深度学习相关的工具,例如常用数据集下载工具、数据预处理工具等。

8.4 机器学习示例:图像识别

8.4.1 图像识别的概念

人们每时每刻都在无意识的进行图像识别:①识别物体,拿起它们;②识别障碍物,离开他们;③识别文字,进行阅读理解;④识别人脸,进行身份判断。对于人类来说,图像识别是一个自然又简单的过程,从眼睛看见图像到大脑识别出图像几乎不用思考。然而,图像识别对于计算机而言就没那么简单了。很长一段时间内,由于算法和硬件方面的限制,计算机的图像识别能力一直远低于人类的水平。直到最近几年,随着深度学习的发展,图像识别的效率和准确率得到了大幅提升。目前,图像识别是人工智能领域中发展最快、技术最成熟、落地最早的算法,车牌识别、人脸识别等诸多基于图像识别的技术正在改变着人类人们的生活。在本节示例中,将介绍计算机处理图像数据的方法,学习和编写图像识别的经典算法,并解决手写数字识别问题。

8.4.2 计算机如何表示图像

图像识别是指给计算机一张图像,让它判断出图像中的内容。例如:给计算机一张动物的图像,让它判断图像中是哪种动物;或者给计算机一张手写数字的图像,让它判断图像中是数字几。

那么计算机如何表示图像呢?在计算机中图像主要分成位图和矢量图两种类型,其中,位图使用像素矩阵来表示图像。如果把一张位图格式的图像分割成一个个小方块,那么每个小方块就是一个像素,每个像素都可以描绘一些信息。通常一张位图的像素越高,图像包含的信息就越多,图像也就越清晰。以黑白图像为例,其中每个像素都可以用一个数字描绘它的灰度。如果用 255 表示纯白色,用 0 表示纯黑色,用 1~255 之间的数字表示不同的灰度,那么就把一张图像表示成为一个矩阵。

对于彩色图像则可采用 RGB 色彩模型。根据光的三原色原理,图像中每个像素的颜色都可用一个包含 3 个数字的数组来表示。在 RGB 色彩模型中,R、G、B 分别表示红、绿、蓝 3 种颜色成分,每种颜色成分的多少分别用一个 0~255 的数字表示,以下简记为(R,G,B)。例如,(255,0,0)表示这种颜色中红色的成分最多,并且没有绿色和蓝色的成分,因此这种颜色是纯红色。同理,(0,255,0)就是纯绿色,(0,0,255)就是纯蓝色,(255,255,0)就是纯黄色,(0,0,0)就是黑色,(255,255,255)就是白色。

8.4.3 MNIST 数据集

图像识别是指给计算机一张图像,让计算机给出图像所属的类别,本质上就是一个分类问题。通常可以用独热编码(One Hot Encoding)来表示图像所属的类别,例如,要表示 10 个类别,就用由 10 个 0 或 1 组成的二进制串来表示任何一种类别,在这个二进制串中只有一个位置是 1,其余位置都是 0,哪一位是 1 代表是哪个类别。

在让计算机进行图像识别之前,需要先有一些已知的图像,并且需要给这些图像标注所属类别。已知类别的数据往往会被分成训练数据与测试数据两个部分。其中,训练数据是用来训练模型的,训练后得到的模型会在测试数据上进行测试,测试得到的准确性就可以认为是这个算法的效果。

MNIST 数据集是一个非常著名的图像数据集,它来自美国国家标准与技术研究所。数据集中包含了由 250 个人手写的数字,其中一半是高中生,另一半来自人口普查局的工作人员。在 MNIST 数据集中,每张图像都由 28×28 个像素构成,每个像素用一个灰度值表示。使用 Keras 的 mnist 模块下载 MNIST 数据集,数据集已经被分为训练数据(train)与测试数据(test),分别包含了输入 x 和输出 y。其中:x 的内容是图像的像素数据;y 的内容是图像对应的类别(即对应 0~9 中的哪一个数字)。因此,MNIST 数据集被分成了 4 个数据集,分别是 x_train、y_train、x_test 和 y_test,可以通过代码来显示这 4 个数据集的 shape(形状,即概要信息)。

【例 8.4】

```
from keras.datasets import mnist
from matplotlib import pyplot
import numpy

(x_train,y_train),(x_test,y_test)=mnist.load_data()    #用 mnist 模块下载 MNIST 数据集
print(x_train.shape)
print(y_train.shape)
print(x_test.shape)
print(y_test.shape)
```

【运行结果】

Downloading data from https://storage.googleapis.com/tensorflow/tf-keras-datasets/mnist.npz
11493376/11490434 [==============================] - 1s 0us/step

(60000, 28, 28)
(60000,)
(10000, 28, 28)
(10000,)

【说明】

从 x_train 和 y_train 的形状可以看出训练数据中包含了 6 万个数据点。其中训练数据的输入 x_train 是 6 万张用 28×28＝784 个像素组成的图像。因为 MNIST 数据集是灰度图,所以每个像素仅由一个数字表示。训练数据的输出 y_train 是 6 万个数字,代表了每一张图像对应的类别。测试数据 x_test 和 y_test 中则包含了 1 万个数据点。

【例 8.5】 显示训练数据中前 20 张图像。

```
from keras.datasets import mnist
from matplotlib import pyplot
import numpy

(x_train, y_train), (x_test, y_test)＝mnist.load_data()    #用 mnist 模块下载 MNIST 数据集
fig, axes＝pyplot.subplots(4,5, figsize＝(10,10))    #新建包含 20 个图格的画布,共有 4 行 5 列
axes＝axes.flatten()    #将 axes 从一个多维数组转化成一维数组
for i in range(20):    #画 20 张图像
    axes[i].imshow(x_train[i],cmap＝"gray_r")    #将 x_train 的第 i 张图像画在画布第 i 个图格上
    axes[i].set_xticks([])    #移除图格的 x 轴刻度
    axes[i].set_yticks([])    #移除图格的 y 轴刻度
pyplot.tight_layout()    #采用更紧凑的布局方式
pyplot.show()    #显示图像
```

【运行结果】

结果如图 8-11 所示。

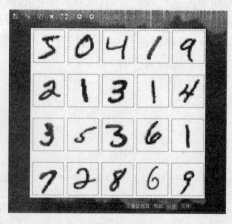

图 8-11 训练数据的前 20 张图像

8.4.4 K 近邻算法和图像相似度的原理

本示例采用了 K 近邻算法和图像相似度计算来实现图像识别。

K近邻算法的原理类似于现实生活中少数服从多数的思想。在K近邻算法中,给定一个已知类别的数据集和一个需要被分类的数据 x,先在已知数据集中找到与数据 x 最邻近的 k 个数据,再判断这 k 个数据中的大多数属于哪个类别,就把数据 x 分到这个类别中。K近邻算法中 k 的取值问题没有完美的解答,它往往是由经验决定的。在机器学习算法中,常有一些参数需要算法设计者指定,它们被称之为超参数,这里的 k 就是K近邻算法中的超参数。k 的不同取值对算法结果将会产生不同的影响,在实践中一般将 k 取值为3或者5。

K近邻算法的一个重要环节是计算数据 x 与已分类数据集中数据点的距离,也就是计算它们的相似度。一般情况下,平面中两个点之间的相似度可以用它们的距离表达,距离越小代表相似度越高。点之间的距离可以通过勾股定理得到,平面上 a 和 b 两个点的距离可以由下面的公式计算得出:

$$\text{distance}(a,b) = \sqrt{(a_x - b_x)^2 + (a_y - b_y)^2}$$

其中:a_x 和 b_x 是 a、b 两点的 x 轴坐标;a_y 和 b_y 是 a、b 两点的 y 轴坐标。

同理,图像间的相似度也可以利用图像间的距离进行表达。因为一张灰度图可以用一个矩阵表示,所以两张灰度图之间的相似度就可以用两个矩阵之间的距离表示。计算两个矩阵 A、B 之间的距离与计算两个点的距离类似,只需将矩阵对应位置的数字相减,将对应数字 A_{ij} 和 B_{ij} 相减后的平方求和后再取根号,就是两个矩阵 A、B 之间的距离,称为两个矩阵间的欧式距离。矩阵 A、B 之间的欧式距离由下面的公式计算得出,即

$$\text{distance}(A,B) = \sqrt{\sum_{ij}(A_{ij} - B_{ij})^2}$$

综上所述,如果两张图像对应矩阵的欧式距离越小,那么这两张图像就越相似。

8.4.5 实现一个手写数字分类器

本示例的机器学习主要用到 sklearn,这个是一个专注于机器学习任务的库,为不同的算法提供了统一的训练和预测接口,非常方便,且易上手。

【例8.6】 用 reshape 处理数据集:

```
from sklearn.neighbors import KNeighborsClassifier
from keras.datasets import mnist
from matplotlib import pyplot
import numpy

(x_train,y_train),(x_test,y_test)=mnist.load_data()
n_train=x_train.shape[0]
n_test=x_test.shape[0]
print("原数据的形状")
print(x_train.shape)
print(x_test.shape)

x_train=x_train.reshape(n_train,-1)
x_test=x_test.reshape(n_test,-1)
print("reshape后数据的形状")
print(x_train.shape)
```

print(x_test.shape)

【运行结果】

原数据的形状：

(60000，28，28)

(10000，28，28)

reshape 后数据的形状：

(60000，784)

(10000，784)

【说明】

KNeighborsClassifier 是 sklearn 库中提供的 K 近邻算法类。KNeighborsClassifier 要求输入数据是向量形式的，但是 MNIST 的原始数据是二维的图像，因此，需要用 reshape 函数将二维的图像展开成一维的向量。输出结果显示 reshape 后的训练数据的输入数据等数据形状维 6 万个 784 维的向量。

【例 8.7】 用 MNIST 数据集训练 K 近邻算法分类器：

from sklearn.neighbors import KNeighborsClassifier
from keras.datasets import mnist

(x_train,y_train),(x_test,y_test)=mnist.load_data()
n_train=x_train.shape[0]
n_test=x_test.shape[0]
x_train=x_train.reshape(n_train，-1)
x_test=x_test.reshape(n_test，-1)
k=5
knc= KNeighborsClassifier(n_neighbors=k)
knc.fit(x_train, y_train)

【运行结果】

结果如图 8-12 所示。

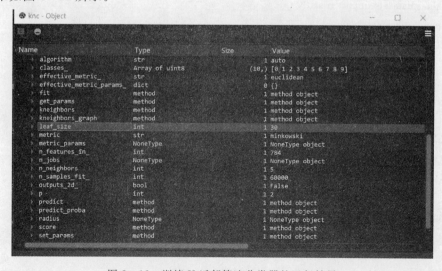

图 8-12 训练 K 近邻算法分类器的运行结果

【说明】

本例中调用 sklearn 库中的 K 近邻算法,该算法接受一个参数 n_neighbors,也就是查看邻居的个数 k,本例中设定 k 的值为 5,即每次寻找最接近的 5 个邻居。sklearn 库提供了一个函数 fit,它两个接受参数,分别是输入数据和对应类别。把 x_train 和 y_train 作为参数传给函数 fit,就可以训练 K 近邻算法分类器了。

【例 8.8】 训练 K 近邻算法分类器并测试其准确度:

```
from sklearn.neighbors import KNeighborsClassifier
from keras.datasets import mnist
from matplotlib import pyplot
import numpy

(x_train,y_train),(x_test,y_test)=mnist.load_data()
n_train=x_train.shape[0]
n_test=x_test.shape[0]
x_train=x_train.reshape(n_train,-1)
x_test=x_test.reshape(n_test,-1)
k=5
knc= KNeighborsClassifier(n_neighbors=k)
knc.fit(x_train, y_train)
#以下代码用于测试分类器的准确度
y_predict = knc.predict(x_test)
accuracy=numpy.sum(y_predict == y_test)/n_test
print("准确度为 %f" % accuracy)
```

【运行结果】

准确度为 0.968800

【说明】

训练完毕之后,可以使用 predict 方法对测试集中的 1 万个数据进行分类,并将分类结果存到 y_predict 中。将分类结果 y_predict 与真实的类别 y_test 进行一一对比,统计分类正确的个数,并计算分类的准确度。从运行结果可知,这个手写数字分类器的分类准确度是 96.88%。

8.4.6 小结

K 近邻算法的原理非常简单易懂,效果也不错,但依然存在以下明显的缺点:

(1)分类速度慢,不适用于那些需要快速得出结果的场景。

(2)分类效果依赖于相似度计算的方法,其分类准确度往往受相似度方法的制约。在本实例中采用的是简单的欧式距离,对简单的黑白手写数字的分类效果一般,对复杂的图像的分类效果将会大打折扣。

由于 K 近邻算法有以上局限性,因此,要实现更加准确的图像分类,需要采用更先进的算法。近年来,卷积神经网络的使用让计算机在图像识别领域取得了飞跃式的发展,有兴趣的读者可以进一步学习相关的内容。

参 考 文 献

[1] 李开复.李开复谈 AI 人工智能[M].北京:文化发展出版社,2017.
[2] 王万良.人工智能及其应用[M].3 版.北京:高等教育出版社,2016.
[3] 卢奇,科佩克.人工智能[M].2 版.林赐,译.北京:人民邮电出版社,2018.
[4] 史忠植.人工智能[M].北京:机械工业出版社,2016.
[5] 蔡自兴,徐光祐.人工智能及其应用[M].2 版.北京:清华大学出版社,2003.
[6] The SWI - Prolog Website Contributors.SWI - Prolog Reference manual[EB/OL].(2019 - 12 - 02)[2020 - 01 - 05].http://eu.swi - prolog.org/pldoc/doc_for? object=manual.
[7] TRISKA M.The Power of Prolog [EB/OL].(2019 - 12 - 05)[2020 - 01 - 05].http://www.metalevel.at/prolog.
[8] 崔奇明.专家系统工具 ESTA 及其应用[M].沈阳:东北大学出版社,2010.
[9] 郑炜冬,江耿豪.基于 ESTA 构建逆向推理专家系统[J].电脑编程技巧与维护,2012,(12):21 - 22,24.
[10] 郑炜冬,江耿豪.一种基于 ESTA 的正向推理机制实现技术[J].智能计算机与应用,2012(2):73 - 75.
[11] 李刚.疯狂 Python 讲义[M].北京:电子工业出版社,2018.
[12] 戴歆,罗玉军.Python 开发基础[M].北京:人民邮电出版社,2018.
[13] 潘风文,潘启儒.人工智能开发语言:Python [M].北京:化学工业出版社,2019.
[14] 叶维忠.Python 编程从入门到精通[M].北京:人民邮电出版社,2018.
[15] The Spyder Website Contributors.Spyder:The Scientific Python Development Environment [EB/OL].(2019 - 12 - 03)[2020 - 01 - 05].http://docs.spyder - ide.org.
[16] 同花顺 AI.人工智能机器学习的四个阶段[EB/OL].(2019 - 02 - 06)[2020 - 01 - 05].http://baijiahao.baidu.com/s? id=1625253114414656374&wfr=spider& for=pc.
[17] 哈林顿.机器学习实战[M].李锐,李鹏,曲亚东,等译.北京:人民邮电出版社,2013.
[18] 俞勇.人工智能实践:动手做你自己的 AI[M].上海:上海科技教育出版社,2019.
[19] 吴茂贵,郁明敏,杨本法,等.Python 深度学习:基于 PyTorch[M].北京:机械工业出版社,2019.
[20] 张威.机器学习从入门到入职:用 Sklearn 与 Keras 搭建人工智能模型[M].北京:电子工业出版社,2020.
[21] 张仰森.人工智能原理与应用[M].北京:高等教育出版社,2004.